Die Russische Aktiengesellschaft

Schriftenreihe
des
FOWI

Herausgegeben von

Peter Doralt
Helmut H. Haschek
Martin Schauer

Band 2

Die Russische Aktiengesellschaft

Verordnungstext russisch - deutsch
mit deutschem Kommentar

Eugen Puseizer
Eva Micheler
Veronika Kozak

Wien 1993
SERVICE FACHVERLAG

Die Deutsche Bibliothek - CIP-Einheitsaufnahme

Puseizer, Eugen:
Die russische Aktiengesellschaft : Verordnungstext russisch-deutsch mit deutschem Kommentar / Puseizer ; Micheler ; Kozak. Hrsg. von Peter Doralt ... - Wien : Service-Fachverl., 1993
  (Schriftenreihe des FOWI ; Bd. 2)
  ISBN 3-85428-249-4
NE: Micheler, Eva:; Kozak, Veronika:; Forschungsinstitut für Ost- und Mitteleuropäisches Wirtschaftsrecht <Wien>: Schriftenreihe des FOWI

ISBN 3-85428-249-4
© Service Fachverlag, Wien

Umschlaggestaltung: Topline
Druck: Remaprint
Printed in Austria 1993

Vorwort

Mit der vorliegenden Arbeit beabsichtigen die Autoren, allen an Direktinvestitionen in Rußland Interessierten eine Darstellung des russischen Aktienrechts zu bieten. Die Aktiengesellschaft ist in der Verordnung des Ministerrates der Russischen Föderation Nr. 601 vom 25. 12. 1990 geregelt. Die Übersetzung der Verordnung wurde von Eugen Puseizer verfaßt. Um eine vorweggenommene Interpretation zu vermeiden, ist die Übersetzung streng wörtlich und folgt daher nicht der österreichischen bzw deutschen Terminologie. Der westliche Leser mag aus diesem Grund die verwendete Diktion, insbesondere das Fehlen einheitlicher Begriffe, als ungewohnt empfinden.

Im Anschluß an die Übersetzung folgt eine systematische Untersuchung des russischen Aktienrechts, deren Gliederung sich an dem in der westlichen Literatur üblichen System orientiert; eine rechtsvergleichende Arbeit sollte jedoch nicht entstehen. Da die russische Rechtsdogmatik sich erst in Entwicklung befindet und die in der westlichen Rechtsdogmatik üblichen Methoden auf die russische Rechtsordnung nicht ohne weiteres übertragbar sind, werden viele Fragen zwar dargestellt, aber nicht gelöst. Trotzdem sind diese Hinweise für den Praktiker wichtig, weil er bekannte Unklarheiten der Rechtslage durch entsprechende Satzungsgestaltung häufig ausräumen kann.

Dieses Buch ist im Rahmen eines Projekts des Forschungsinstitutes für Mittel- und Osteuropäisches Wirtschaftsrecht an der Wirtschaftsuniversität Wien (FOWI) erarbeitet worden. Besonderen Dank schulden wir Herrn Univ.-Prof. Dr. Peter Doralt und Herrn Univ.-Doz. Dr. Martin Schauer, die unsere Arbeit durch wertvolle Anregungen unterstützt haben. Herrn Prof. Dr. Igor Lukaschuk vom Institut für Staat und Recht, Moskau, sowie Herrn Dr. Alexander Manov danken wir ebenfalls für zahlreiche Anregungen und Hinweisen auf die russische Praxis. Frau Helga Rossler hat die mühevollen Korrekturen durchgeführt, wofür wir ihr herzlich danken.

Wien, im Jänner 1993

Eugen Puseizer
Eva Micheler
Veronika Kozak

INHALTSVERZEICHNIS

Die Russische Aktienverordnung **1**
I. Begriff der Aktiengesellschaft 3
II. Gründung der Gesellschaft 7
III. Anmeldung zur Registrierung der Gesellschaft 7
IV. Satzung der Gesellschaft 11
V. Gründerversammlung 11
VI. Registrierung der Gesellschaft 13
VII. Grundkapital 17
VIII. Aktien 19
IX. Registrierung der Aktionäre 21
X. Aktienzertifikate 23
XI. Fremdkapital der Gesellschaft 25
XII. Gewinn der Gesellschaft 27
XIII. Besteuerung der Gesellschaft 27
XIV. Dividenden 27
XV. Rücklagen 31
XVI. Optionen 31
XVII. Rechnungswesen der Gesellschaften 33
XVIII. Organe der Leitung der Gesellschaft 35
XIX. Revisionskommission 47
XX. Beendigung und Reorganisation der Gesellschaft 49
XXI. Tochtergesellschaften, Filialen und Vertretungen 53
XXII. Abschlußprüfung 55

Die Russische Aktiengesellschaft **57**
1. Einleitung 58
2. Rechtsquellen 59
   2.1. Die Verordnung über Aktiengesellschaften (AktVO) 59
   2.2. Das Gesetz über Unternehmen und Unternehmerische
       Tätigkeiten (UnternG) 59
   2.3. Das Gesetz der RF über die Ausländischen Investitionen
       in der RF (AuslInvG) 60
   2.4. Verordnung der RF über die Registrierung von Unter
       nehmen mit Ausländischen Investitionen (AuslInvVO) 60

	2.5. Verordnungen der Moskauer Stadtregierung (MRegVO)	60
	2.6. Verhältnis der einzelnen Rechtsnormen zueinander	61
3.	Begriff der Aktiengesellschaft	61
	3.1. Allgemeines	61
	3.2. Haftung der Gesellschaft und der Gesellschafter	62
4.	Gründung der Gesellschaft	62
	4.1. Gründer	62
	4.2. Gründerversammlung	63
	4.3. Satzung	63
	4.4. Registrierung	64
	4.5. Entstehung	66
	4.6. Firma	66
	4.7. Dauer	67
	4.8. Gegenstand	67
	4.9. Grundkapital	68
	4.10. Kapitalaufbringung	69
	4.11. Verfahren bei Einzahlung der Einlagen	70
	4.12. Aktien	71
	4.13. Namensaktien	72
	4.14. Übertragung von Aktien	72
	4.15. Aktienurkunde	73
	4.16. Filialen, Vertretungen und Tochtergesellschaften	74
5.	Organe der Gesellschaft	75
	5.1. Hauptversammlung	76
	5.1.1. Struktur	76
	5.1.2. Einberufung	77
	5.1.3. Vorsitz	78
	5.1.4. Beschlußfähigkeit	78
	5.1.5. Protokoll	79
	5.1.6. Teilnahmerecht und Stimmrecht	79
	5.1.6.1. Ordentliche Aktien	80
	5.1.6.2. Stimmrechtslose Vorzugsaktien	80
	5.1.6.3. Eigene Aktien	81
	5.1.6.4. Organe der Gesellschaft	81
	5.1.7. Fragerecht der Aktionäre und Informationspflicht der Organe	82
	5.1.8. Beschlußfassung	83
	5.1.9. Mehrheitserfordernisse	83

- 5.1.10. Jährliche Hauptversammlung 84
  - 5.1.10.1. Einberufung 84
  - 5.1.10.2. Aufgaben 84
- 5.1.11. Außerordentliche Hauptversammlung 85
  - 5.1.11.1. Einberufung 85
  - 5.1.11.2. Gründe 85
- 5.1.12. Nichtigkeit oder Anfechtbarkeit von Beschlüssen 86
- 5.2. Direktorenrat 87
  - 5.2.1. Anzahl 87
  - 5.2.2. Nominierung 87
  - 5.2.3. Bestellung 88
  - 5.2.4. Abberufung 89
  - 5.2.5. Entgelt 89
  - 5.2.6. Vorsitzender des Direktorenrates 90
  - 5.2.7. Beschlußfassung 90
  - 5.2.8. Teilnahmerechte 91
  - 5.2.9. Protokoll und Sekretär des Rates 91
  - 5.2.10. Ausschüsse 91
  - 5.2.11. Fehlerhafte Direktorenratsbeschlüsse 91
  - 5.2.12. Aufgaben des Direktorenrates - Haftung 91
- 5.3. Vorstand der Gesellschaft 92
  - 5.3.1. Bestellung 92
  - 5.3.2. Abberufung 93
  - 5.3.3. Sitzungen des Vorstandes - Beschlußfassung 93
  - 5.3.4. Aufgaben 94
    - 5.3.4.1. Geschäftsführung 94
    - 5.3.4.2. Vertretung 94
  - 5.3.5. Haftung 95
- 5.4. Revisionskommission 95
  - 5.4.1. Bestellung 95
  - 5.4.2. Aufgaben 96
6. Rechnungswesen der Gesellschaft und Abschlußprüfung 96
- 6.1. Jährlicher Finanzieller Abschluß 96
- 6.2. Gewinn der Gesellschaft 97
  - 6.2.1. Gewinnermittlung 97
  - 6.2.2. Rücklagen 97
  - 6.2.3. Dividenden 97
- 6.3. Abschlußprüfung 99

	6.4. Publizität	100
	6.5. Haftung für den Jährlichen Finanziellen Abschluß	100
7.	Satzungsänderung - Kapitalerhöhung - Kapitalherabsetzung	101
8.	Fremdkapital der Gesellschaft	102
9.	Optionen	103
10.	Reorganisation der Gesellschaft	104
11.	Beendigung	105
	11.1. Gründe	105
	11.2. Liquidation	105
12.	Rechtsdurchsetzung	106

Die Russische Aktienverordnung

ПОЛОЖЕНИЕ ОБ АКЦИОНЕРНЫХ ОБЩЕСТВАХ

УТВЕРЖДЕНО ПОСТАНОВЛЕНИЕМ СОВЕТА МИНИСТРОВ РСФСР
от 25 декабря 1990 г. № 601
(Собрание постановлений Правительства РСФСР, 1991 г. № 6, ст. 92)

I. ПОНЯТИЕ АКЦИОНЕРНОГО ОБЩЕСТВА

1. Акционерным обществом (далее — общество) является организация, созданная на основе добровольного соглашения юридических и физических лиц (в том числе иностранных), объединивших свои средства путем выпуска акций, и имеющая целью удовлетворение общественных потребностей и извлечение прибыли.

2. Общества осуществляют любые виды хозяйственной деятельности, за исключением запрещенных законодательством РСФСР.

Хозяйственная деятельность общества в оборонных отраслях промышленности, в отраслях, занятых добычей драгоценных и редких металлов, минералов, сырья, леса, пушнины, осуществляется с разрешения Совета Министров РСФСР.

В целях защиты интересов государства и в связи с общественной необходимостью Совет Министров РСФСР может определять также другие отрасли, в которых осуществление отдельных видов хозяйственной деятельности для обществ ограничивается.

3. Общества создаются без ограничения срока деятельности, если иное не оговорено в их уставе.

Verordnung über Aktiengesellschaften

Bestätigt:
durch die Beschlußfassung
des Ministerrates Rußlands
am 25. 12. 1990
Nr. 601

I. Begriff der Aktiengesellschaft

1. Die Aktiengesellschaft (im folgenden Gesellschaft genannt) ist eine Organisation auf Basis einer freiwilligen Vereinbarung zwischen juristischen und physischen Personen (einschließlich ausländischer Personen), die ihre Mittel mit Hilfe der Ausgabe von Aktien vereinigt haben und welche die Befriedigung gesellschaftlicher Bedürfnisse und die Gewinnausschüttung zum Ziel hat.[1]

2. Gesellschaften können jede Art der wirtschaftlichen Tätigkeit ausüben mit Ausnahme jener, die vom Gesetzgeber Rußlands verboten wurde.
Die wirtschaftliche Tätigkeit von Gesellschaften im Bereich der Verteidigungsindustrie, der Förderung von seltenen Metallen und Mineralien, im Bereich der Rohstoffwirtschaft, der Holzindustrie, sowie der Pelzerzeugung bedürfen der Genehmigung des Ministerrates Rußlands.
Zum Schutz der Staatsinteressen und im Interesse der Allgemeinheit kann der Ministerrat auch andere Bereiche bestimmen, in welchen die wirtschaftliche Tätigkeit der Gesellschaften begrenzt werden kann.[2]

3. Gesellschaften werden auf unbestimmte Zeit gegründet, wenn in der Satzung nicht anders bestimmt wurde.[3]

---

[1] Vgl. dazu Kapitel 3.1. des Kommentars.
[2] Vgl. dazu Kapitel 4.8. des Kommentars
[3] Vgl. dazu Kapitel 4.7. des Kommentars.

4. Общества являются юридическими лицами, имеют фирменное наименование, зарегистрированный фирменный знак, печать со своим наименованием и фирменным знаком. Общество приобретает права юридического лица с момента его государственной регистрации.

Общество может иметь официальное сокращенное наименование.

5. Общества обладают полной хозяйственной самостоятельностью в вопросах определения формы управления, принятия хозяйственных решений, сбыта, установления цен, оплаты труда, распределения чистой прибыли.

Общество вправе совершать все действия, предусмотренные законом. Деятельность общества не ограничивается оговоренной в уставе. Сделки, выходящие за пределы уставной деятельности, но не противоречащие действующему законодательству, признаются действительными.

6. Общества могут иметь представительства, филиалы на территории СССР и за границей, а также участвовать в капитале других обществ.

7. Общество может быть открытым или закрытым, что отражается в уставе. Акции открытого общества могут переходить от одного лица к другому без согласия других акционеров. Акции закрытого общества могут переходить от одного лица к другому только с согласия большинства акционеров, если иное не оговорено в уставе.

8. Акционеры отвечают по обязательствам общества в пределах личного вклада в капитал. Акционеры не вправе требовать от общества возврата их вкладов, за исключением случаев, предусмотренных настоящим Положением или уставом общества.

9. Общество не отвечает по обязательствам акционеров.

4. Gesellschaften sind juristische Personen, haben eine Firma, ein registriertes Firmenzeichen, einen Stempel mit der Firma und dem Firmenzeichen. Die Gesellschaft erhält die Rechte einer juristischen Person ab dem Zeitpunkt der staatlichen Registrierung.

Die Gesellschaft kann eine offizielle Abkürzung des Namens verwenden.[4])

5. Gesellschaften haben volle wirtschaftliche Selbständigkeit in Fragen der Bestimmung der Form der Geschäftsleitung, der Beschlußfassung im Rahmen der wirtschaftlichen Tätigkeit, des Absatzes, der Preisbestimmung, der Arbeitskraft und der Verteilung des Reingewinnes.

Die Gesellschaft ist berechtigt, jede vom Gesetz vorgesehene Tätigkeit auszuüben. Die Tätigkeit der Gesellschaft ist durch die, welche in der Satzung festgelegt ist, nicht beschränkt. Rechtsgeschäfte, die außerhalb des in der Satzung festgelegten Betriebsgegenstandes liegen und nicht gegen die geltenden Gesetze verstoßen, sind gültig.[5])

6. Gesellschaften können Vertretungen und Filialen innerhalb der UdSSR und im Ausland haben und sich am Kapital anderer Gesellschaften beteiligen.[6])

7. Die Gesellschaft kann offen oder geschlossen sein, was sich aus der Satzung ergibt. Aktien einer offenen Gesellschaft können ohne Zustimmung anderer Aktionäre von einer Person auf die andere übertragen werden. Aktien einer geschlossenen Gesellschaft können, wenn in der Satzung nicht anders bestimmt, nur mit Zustimmung der Mehrheit der Aktionäre von einer Person auf die andere übertragen werden.[7])

8. Aktionäre haften für die Verbindlichkeiten der Gesellschaft nur in der Höhe der persönlichen Einlage auf das Kapital. Aktionäre haben keinen Anspruch auf die Rückgewähr ihrer Einlagen ausgenommen in Fällen, die in der vorliegenden Verordnung oder in der Satzung der Gesellschaft vorgesehen sind.[8])

9. Die Gesellschaft haftet nicht für die Verbindlichkeiten der Aktionäre.[9])

---

[4]) Vgl. dazu Kapitel 4.5. und 4.6. des Kommentars.
[5]) Vgl. dazu Kapitel 4.8. des Kommentars.
[6]) Vgl. dazu Kapitel 4.16. des Kommentars.
[7]) Vgl. dazu Kapitel 4.13. des Kommentars.
[8]) Vgl. dazu Kapitel 3.2. des Kommentars.
[9]) Vgl. dazu Kapitel 3.2. des Kommentars.

10. Общество несет ответственность по своим обязательствам всеми активами (всем имуществом).

Если недобросовестные действия директоров и членов правления общества привели к его несостоятельности, суд может возложить на них ответственность по возмещению ущерба, причиненного обществу.

II. УЧРЕЖДЕНИЕ ОБЩЕСТВА

11. Учредителями общества могут выступать физические и юридические лица. В роли учредителей могут также выступать иностранные юридические и физические лица в соответствии с законодательством об иностранных инвестициях.

12. Для преобразования государственного предприятия в общество необходимо решение уполномоченного на то государственного органа.

13. Число учредителей общества не ограничено. В случае, если у общества один учредитель, то протокол учредительного собрания не составляется.

14. Учредительными документами являются: заявка на регистрацию (далее — заявка), протокол учредительного собрания (кроме случая, когда один учредитель), устав общества (далее — устав).

III. ЗАЯВКА НА РЕГИСТРАЦИЮ ОБЩЕСТВА

15. Заявка составляется учредителями в соответствии с настоящим Положением и представляется в Министерство финансов РСФСР не позднее чем через 30 дней после проведения учредительного собрания.

10. Die Gesellschaft haftet für ihre Verbindlichkeiten mit dem gesamten Vermögen. Wenn gewissenlose Handlungen der Direktoren und Vorstandsmitglieder die Zahlungsunfähigkeit der Gesellschaft herbeiführen, kann ihnen das Gericht die Verantwortung für den Ersatz des verursachten Schadens auferlegen.[10]

II. Gründung der Gesellschaft

11. Gründer der Gesellschaft können sowohl physische als auch juristische Personen sein. In Übereinstimmung mit der Gesetzgebung über ausländische Investitionen können als Gründer auch ausländische juristische und physische Personen auftreten.[11]

12. Die Umwandlung eines Staatsbetriebes in eine Gesellschaft bedarf des Beschlusses eines dazu ermächtigten staatlichen Organes.[12]

13. Die Zahl der Gründer der Gesellschaft ist nicht begrenzt. Im Fall eines einzigen Gründers ist die Erstellung eines Protokolls der Gründerversammlung nicht erforderlich.[13]

14. Gründungsdokumente sind die Eingabe zur Registrierung (im folgenden Anmeldung genannt), das Protokoll der Gründerversammlung (außer im Fall eines Gründers), die Satzung der Gesellschaft (im folgenden Satzung genannt).[14]

III. Anmeldung zur Registrierung der Gesellschaft

15. Die Anmeldung wird von den Gründern in Übereinstimmung mit der vorliegenden Verordnung erstellt und dem Ministerium für Finanzen Rußlands innerhalb von 30 Tagen nach der Durchführung der Gründerversammlung vorgelegt.[15]

---

[10] Vgl. dazu Kapitel 3.2. und 5.2.12. des Kommentars.
[11] Vgl. dazu Kapitel 4.1. des Kommentars.
[12] Vgl. dazu Kapitel 4.1. des Kommentars.
[13] Vgl. dazu Kapitel 4.1. und 4.3. des Kommentars.
[14] Vgl. dazu Kapitel 4.4. des Kommentars.
[15] Vgl. dazu Kapitel 4.4. des Kommentars.

16. Заявка содержит: наименование общества, его местонахождение, цели создания и основные виды деятельности общества, ответственность акционеров, уставный капитал, наименование (имя), местонахождение (местожительство), а также гражданство учредителей и количество приобретаемых ими акций.

17. Заявка подписывается учредителями и нотариально удостоверяется. Заявка является формальным договором между учредителями.

18. Если предлагаемое наименование общества уже есть в государственном реестре, то Министерство финансов РСФСР сообщает об этом учредителям не позднее чем через 10 дней после получения заявки на регистрацию.

До регистрации общества учредители не имеют права участвовать в хозяйственной деятельности от имени общества.

16. Die Anmeldung beinhaltet: die Firma der Gesellschaft, den Sitz, die Ziele der Gründung und die Hauptbereiche der Tätigkeit der Gesellschaft, die Haftung der Aktionäre, das Grundkapital, die Namen, den Wohnort sowie die Staatsangehörigkeit der Gründer und die Anzahl der von ihnen übernommenen Aktien.[16])

17. Die Anmeldung wird von den Gründern unterzeichnet und notariell beglaubigt. Die Anmeldung stellt den formellen Vertrag zwischen den Gründern dar.[17])

18. Wenn die vorgeschlagene Firma der Gesellschaft bereits im staatlichen Register aufscheint, muß das Ministerium für Finanzen Rußlands dieses den Gründern binnen 10 Tagen nach dem Erhalt der Eingabe zur Registrierung mitteilen.
Vor der Registrierung sind die Gründer nicht berechtigt, im Namen der Gesellschaft wirtschaftlich tätig zu werden.[18])

---

[16]) Vgl. dazu Kapitel 4.4. des Kommentars.
[17]) Vgl. dazu Kapitel 4.4. des Kommentars.
[18]) Vgl. dazu Kapitel 4.5. und 4.6. des Kommentars.

IV. УСТАВ ОБЩЕСТВА

19. Учредители при создании общества должны подготовить его устав, который разрабатывается в соответствии с действующим законодательством и настоящим Положением.

20. Устав должен содержать все основные характеристики общества: вид общества, предмет и цели его деятельности, состав учредителей, фирменное наименование и местонахождение, размер уставного капитала, сведения о категориях выпускаемых акций, их номинальной стоимости, соотношении акций различных категорий, последствия неисполнения обязательств по выкупу акций, порядок распределения прибыли и возмещения убытков, структура и компетенция органов управления общества и порядок принятия ими решений, в том числе перечень вопросов, по которым необходимо квалифицированное большинство голосов.

21. <u>Устав утверждается</u> учредительным собранием акционерного общества.

V. УЧРЕДИТЕЛЬНОЕ СОБРАНИЕ

22. Учредительное собрание действительно при присутствии всех учредителей или их представителей. Решение об учреждении общества принимается единогласно.

23. Председатель собрания избирается простым большинством голосов.

IV. Satzung der Gesellschaft

19. Im Rahmen der Gründung haben die Gründer die Satzung der Gesellschaft vorzubereiten, die in Übereinstimmung mit der geltenden Gesetzgebung und der vorliegenden Verordnung erstellt wird.[19])

20. Die Satzung[20]) muß alle wesentlichen Merkmale der Gesellschaft beinhalten:
- den Typ der Gesellschaft;
- den Betriebsgegenstand und die Ziele ihrer Tätigkeit;
- die Zusammensetzung der Gründer;
- die Firma und den Sitz;
- die Höhe des Grundkapitals;
- Angaben über die Kategorie der auszugebenden Aktien, ihren Nominalwert, das Verhältnis zwischen unterschiedlichen Aktientypen;
- die Folgen bei Nichterfüllung der Verpflichtung zur Abnahme von Aktien[21]);
- Vorschriften über Gewinnverteilung und Schadenersatz[22]);
- die Struktur und Kompetenzen der Organe der Geschäftsleitung der Gesellschaft sowie Vorschriften über die Beschlußfassung diese einschließlich der Aufzählung jener Angelegenheiten, die zur Beschlußfassung eine qualifizierte Mehrheit der Stimmen erfordern[23]).

21. Die Satzung wird von der Gründerversammlung der Aktiengesellschaft bestätigt[24]).

V. Gründerversammlung

22. Die Gründerversammlung bedarf zu ihrer Gültigkeit der Anwesenheit aller Gründer oder ihrer Vertreter. Der Beschluß über die Gründung der Gesellschaft wird einstimmig gefaßt[25]).

23. Der Vorsitzende der Versammlung wird mit einfacher Stimmenmehrheit gewählt.[26])

---

[19]) Vgl. dazu Kapitel 4.3. des Kommentars.
[20]) Vgl. dazu Kapitel 4.3. des Kommentars.
[21]) Vgl. dazu Kapitel 4.2. und 4.11. des Kommentars.
[22]) Vgl. dazu Kapitel 5.2.12. und 5.3.5. des Kommentars.
[23]) Vgl. dazu Kapitel 5. des Kommentars.
[24]) Vgl. dazu Kapitel 4.3. des Kommentars.
[25]) Vgl. dazu Kapitel 4.2. des Kommentars.
[26]) Vgl. dazu Kapitel 4.2. des Kommentars.

24. Учредительное собрание _тремя четвертями голосов_ утверждает устав общества и избирает органы управления обществом.

VI. РЕГИСТРАЦИЯ ОБЩЕСТВА

25. Регистрация общества осуществляется Министерством финансов РСФСР на основании следующих документов, поданных не позднее чем через 30 дней после проведения учредительного собрания:

нотариально удостоверенной заявки на регистрацию общества;

нотариально заверенной копии устава общества;

нотариально заверенного протокола учредительного собрания (кроме случая, когда один учредитель).

26. Министерство финансов РСФСР при регистрации обществ _не вправе_ требовать от учредителей _предоставления дополнительных документов._

27. Не позднее чем через 30 дней после регистрации общество должно представить в Министерство финансов РСФСР справку об оплате 50 процентов уставного капитала. В противном случае регистрация признается недействительной.

28. За государственную регистрацию взимается единовременный сбор для покрытия издержек по регистрации, вносимый одновременно с подачей заявки. В случае отказа в регистрации сбор не возвращается.

Размер сбора утверждается Министерством финансов РСФСР дифференцированно, в зависимости от размеров уставного капитала регистрируемого общества.

29. Министерство финансов РСФСР публикует официальный государственный реестр зарегистрированных и ликвидированных обществ.

24. Die Gründerversammlung stellt mit der Dreiviertelmehrheit der Stimmen die Satzung der Gesellschaft fest und wählt die Organe der Geschäftsleitung der Gesellschaft.[27])

VI. Registrierung der Gesellschaft

25. Die Registrierung der Gesellschaft erfolgt durch das Ministerium für Finanzen Rußlands aufgrund von folgenden Dokumenten, die binnen 30 Tage nach der Durchführung der Gründerversammlung einzureichen sind:
   - eine notariell beglaubigte Eingabe für die Registrierung der Gesellschaft,
   - eine notariell beglaubigte Kopie der Satzung der Gesellschaft,
   - ein notariell beglaubigtes Protokoll der Gründerversammlung (außer im Fall eines Gründers).[28])

26. Im Rahmen der Registrierung von Gesellschaften ist das Ministerium für Finanzen Rußlands nicht berechtigt, von den Gründern die Vorlage zusätzlicher Dokumente zu verlangen.[29])

27. Die Gesellschaft ist verpflichtet, innerhalb von 30 Tagen nach der Registrierung dem Ministerium für Finanzen Rußlands eine Bescheinigung über die Bezahlung von 50 Prozent des Grundkapitals vorzulegen. Andernfalls ist die Registrierung ungültig.[30])

28. Gleichzeitig mit dem Einreichen der Anmeldung zur staatlichen Registrierung wird eine einmalige Gebühr zur Deckung der durch die Registrierung entstandenen Kosten verrechnet. Im Fall der Ablehnung der Registrierung wird die Gebühr nicht rückerstattet.
Die Höhe der Abgabe richtet sich nach der Höhe des Grundkapitals der zu registrierenden Gesellschaft und wird vom Ministerium für Finanzen Rußlands bestätigt.[31])

29. Das Ministerium für Finanzen Rußlands publiziert das offizielle staatliche Register der registrierten und liquidierten Gesellschaften.[32])

---

[27]) Vgl. dazu Kapitel 4.2. des Kommentars.
[28]) Vgl. dazu Kapitel 4.4. des Kommentars.
[29]) Vgl. dazu Kapitel 4.4. des Kommentars.
[30]) Vgl. dazu Kapitel 4.10. des Kommentars.
[31]) Vgl. dazu Kapitel 4.3. des Kommentars.
[32]) Vgl. dazu Kapitel 4.4. des Kommentars.

30. Акционерные банки и другие кредитные учреждения регистрируются Центральным банком РСФСР и заносятся Министерством финансов РСФСР в государственный реестр акционерных обществ.

31. Общества с участием иностранных юридических и физических лиц регистрируются Министерством финансов РСФСР в соответствии с настоящим Положением и действующим законодательством РСФСР об иностранных инвестициях и заносятся в государственный реестр акционерных обществ.

32. Регистрация должна быть осуществлена в течение 30 дней с момента представления документов. Отказ в регистрации может последовать только в случае нарушения требований настоящего Положения. Решение об отказе в регистрации может быть обжаловано в суде.

33. Зарегистрированному обществу выдается временное свидетельство о регистрации. После предъявления справки об оплате 50 процентов уставного капитала оно заменяется на официальное свидетельство о регистрации общества.

34. Общество должно сообщать об изменениях в уставе Министерству финансов РСФСР в течение 15 дней со дня принятия соответствующего изменения.

30. Bank-Aktiengesellschaften und andere Kreditinstitute werden von der Zentralbank Rußlands registriert und vom Ministerium für Finanzen Rußlands in das staatliche Register für Aktiengesellschaften eingetragen.[33])

31. Gesellschaften, an welchen ausländische juristische und physische Personen beteiligt sind, werden entsprechend der vorliegenden Verordnung sowie der geltenden Gesetzgebung Rußlands über ausländische Investitionen beim Ministerium für Finanzen Rußlands registriert und anschließend in das staatliche Register für Aktiengesellschaften eingetragen.[34])

32. Die Registrierung muß binnen 30 Tagen ab der Einreichung der Dokumente durchgeführt werden. Eine Ablehnung der Registrierung kann nur im Falle der Verletzung der Vorschriften der vorliegenden Verordnung erfolgen. Eine Ablehnung kann bei einem Gericht angefochten werden.[35])

33. Der registrierten Gesellschaft wird eine Interimsurkunde über die Registrierung ausgestellt. Nach Vorlage der Bescheinigung über die Einzahlung von 50 Prozent des Grundkapitals wird die Interimsurkunde durch eine offizielle Urkunde über die Registrierung der Gesellschaft ersetzt.[36])

34. Die Gesellschaft hat dem Ministerium für Finanzen Rußlands Änderungen der Satzung innerhalb von 15 Tagen ab dem Tag der Aufnahme der entsprechenden Änderung mitzuteilen.[37])

---

[33]) Vgl. dazu Kapitel 4.4. des Kommentars.
[34]) Vgl. dazu Kapitel 4.4. des Kommentars.
[35]) Vgl. dazu Kapitel 4.4. des Kommentars.
[36]) Vgl. dazu Kapitel 4.4. des Kommentars.
[37]) Vgl. dazu Kapitel 7. und 5.1.9. des Kommentars.

VII. УСТАВНЫЙ КАПИТАЛ

35. Уставный капитал в момент учреждения общества должен состоять из оговоренного числа обыкновенных акций, кратного десяти, с одинаковой номинальной стоимостью.

36. Уставный капитал общества не может быть менее 10 тыс. рублей для закрытого общества и 100 тыс. рублей для открытого общества.

37. Вкладом участника общества могут быть здания, сооружения, оборудование и другие материальные ценности, ценные бумаги, права пользования землей, водой и другими природными ресурсами, зданиями, сооружениями и оборудованием, а также иные имущественные права (в том числе на интеллектуальную собственность), денежные средства в советских рублях и в иностранной валюте. Стоимость вкладов оценивается в советских рублях совместным решением участников общества и составляет их доли в уставном капитале.

38. В течение 30 дней после регистрации общества не менее 50 процентов уставного капитала должно быть оплачено. В течение первого года деятельности общества должна быть оплачена вторая половина уставного капитала.

39. Общее собрание акционеров может в случае необходимости простым большинством голосов:

увеличить уставный капитал независимо от оплаты других акций в случае расширения деятельности общества;

консолидировать существующие акции или разделить существующие акции на акции меньшего номинала;

уменьшить уставный капитал общества снижением номинальной стоимости акций или аннулированием части акций.

Решение об изменении уставного капитала вступает в силу с момента принятия его общим собранием при условии уведомления Министерства финансов РСФСР в установленном порядке.

VII. Grundkapital

35. Das Grundkapital der Gesellschaft muß zum Zeitpunkt der Gründung aus einer bestimmten, ein Vielfaches von 10 bildenden, Anzahl gewöhnlicher Aktien mit dem gleichen Nominalwert bestehen.[38])

36. Das Grundkapital der Gesellschaft darf nicht kleiner sein als Rubel 10.000,- bei einer geschlossenen Gesellschaft und Rubel 100.000,- bei einer öffentlichen Gesellschaft.[39])

37. Einlagen des Teilnehmers [Gesellschafters] einer Gesellschaft können sein: Gebäude, Anlagen, Ausrüstung und andere materielle Werte, Wertpapiere, Nutzungsrechte an Grundstücken, Wasser und anderen Naturressourcen, an Gebäuden, Anlagen und Ausrüstung, sowie andere Eigentumsrechte (einschließlich des geistigen Eigentums), Geld in sowjetischen Rubel und in ausländischen Währungen. Der Wert der Einlagen wird in sowjetischen Rubel durch einen gemeinsamen Beschluß der Teilnehmer der Gesellschaft festgestellt und stellt ihren Anteil am Grundkapital dar.[40])

38. Im Verlauf von 30 Tagen ab der Registrierung der Gesellschaft müssen mindestens 50 Prozent des Grundkapitals eingezahlt werden. Im Verlauf des ersten Jahres ab Aufnahme der Tätigkeit der Gesellschaft muß die zweite Hälfte des Grundkapitals eingezahlt werden.[41])

39. Die Hauptversammlung der Aktionäre kann bei Bedarf mit einfacher Mehrheit der Stimmen:
- das Grundkapital unabhängig von der Bezahlung anderer Aktien im Fall der Erweiterung der Tätigkeit der Gesellschaft erhöhen;
- die vorhandenen Aktien konsolidieren oder auf Aktien mit kleinerem Nominalwert aufteilen;
- das Grundkapital der Gesellschaft durch eine Reduktion des Nominalwertes oder teilweise Annullierung von Aktien herabsetzen.
Ein Beschluß über die Änderung des Grundkapitals wird rechtsgültig ab dem Zeitpunkt seiner Fassung durch die Hauptversammlung unter der Bedingung der Benachrichtigung des Ministeriums für Finanzen Rußlands nach den festgelegten Vorschriften.[42])

---

[38]) Vgl. dazu Kapitel 4.12. des Kommentars.
[39]) Vgl. dazu Kapitel 4.9. des Kommentars.
[40]) Vgl. dazu Kapitel 4.2. und 4.9. des Kommentars.
[41]) Vgl. dazu Kapitel 4.10. und 4.11. des Kommentars.
[42]) Vgl. dazu Kapitel 7., 3.2. und 5.1.9. des Kommentars.

40. Неразмещенные акции общества находятся в распоряжении Совета директоров общества.

41. Требование к акционерам внести неоплаченную часть акций принимается Советом директоров общества по мере необходимости и должно быть выполнено в течение 15 дней.

42. По неоплаченным в оговоренные сроки акциям начисляются проценты в пользу общества, а затем они изымаются в соответствии с его уставом.

VIII. АКЦИИ

43. Акция — ценная бумага, выпускаемая акционерным обществом и удостоверяющая право собственности на долю в уставном капитале общества.

44. Номинальная стоимость акции не может быть менее 10 рублей.

45. Общества могут выпускать акции разных категорий и номинальной стоимости.

46. Общество может выпускать только именные акции, то есть держатели акций регистрируются в специальном реестре, который ведется в обществе.

47. Общество может выпускать обыкновенные (с правом голоса) и привилегированные (без права голоса) акции.

40. Nicht untergebrachte Aktien einer Gesellschaft bleiben in der Verfügung des Direktorenrates.[43])

41. Falls notwendig, richtet der Direktorenrat der Gesellschaft eine Aufforderung an die Aktionäre, den nicht bezahlten Betrag für die Aktien einzubringen. Dieser Aufforderung ist innerhalb von 15 Tagen nachzukommen.[44])

42. Auf nicht rechtzeitig bezahlte Aktien werden Verzugszinsen zugunsten der Gesellschaft verrechnet. Anschließend werden diese in Übereinstimmung mit der Satzung eingezogen.[45])

VIII. Aktien

43. Die Aktie ist ein Wertpapier, welches von Aktiengesellschaften ausgegeben wird und das Eigentumsrecht an einem Anteil des Grundkapitals der Gesellschaft verbrieft.[46])
44. Der Nominalwert einer Aktie beträgt mindestens Rubel 10,-.[47])

45. Gesellschaften dürfen Aktien verschiedener Typen und mit unterschiedlichen Nominalwerten ausgeben.[48])

46. Die Gesellschaft kann nur Namensaktien ausgeben, das heißt, die Aktienhalter werden in ein spezielles, bei der Gesellschaft geführtes, Register eingetragen.[49])

47. Eine Gesellschaft kann gewöhnliche (mit Stimmrecht) und Vorzugsaktien (ohne Stimmrecht) ausgeben.[50])

---

[43]) Vgl. dazu Kapitel 4.2., 4.9. und 5.1.6.3. des Kommentars.
[44]) Vgl. dazu Kapitel 4.11. des Kommentars.
[45]) Vgl. dazu Kapitel 4.11. des Kommentars.
[46]) Vgl. dazu Kapitel 4.12. des Kommentars.
[47]) Vgl. dazu Kapitel 4.12. des Kommentars.
[48]) Vgl. dazu Kapitel 4.12. und 5.1.6.2. des Kommentars.
[49]) Vgl. dazu Kapitel 4.13. des Kommentars.
[50]) Vgl. dazu Kapitel 4.13., 5.1.6.2. des Kommentars.

48. Обыкновенная акция дает один голос при решении вопросов на собрании акционеров и участвует в распределении чистой прибыли после пополнения резервов и выплаты дивидендов по привилегированным акциям.

49. Привилегированная акция не дает права голоса, если иное не предусмотрено в уставе общества, но приносит фиксированный дивиденд и имеет преимущество перед обыкновенными акциями при распределении прибыли и ликвидации общества.

IX. РЕГИСТРАЦИЯ АКЦИОНЕРОВ

50. Каждое общество ведет реестр акционеров с обязательным включением в него следующих данных: количество и категории акций, дата приобретения, наименование (имя) и местонахождение (местожительство) акционера, номинальная стоимость и цена приобретения акций.

51. Общество может поручить регистрацию акционеров банкам и другим специализированным организациям.

52. Акционеры должны своевременно сообщать об изменении места нахождения (места жительства). Общество не несет ответственности, если о таком изменении не было сообщено.

53. Сделка купли-продажи акций оформляется путем заполнения бланка установленной формы с подписями сторон и посредника. Если одной из сторон является банк, имеющий лицензию на торговлю ценными бумагами, то документ о передаче права собственности заверяется двумя подписями. Окончательный расчет по сделке, передача бумаг на предъявителя или выдача новых сертификатов должны быть заверены в течение 10 рабочих дней.

48. Eine gewöhnliche Aktie gewährt eine Stimme bei der Fassung von Beschlüssen der Hauptversammlung und berechtigt zur Teilnahme an der Verteilung des Reingewinnes nach der Auffüllung von Reserven und den Dividendenzahlungen an die Vorzugsaktionäre.[51]

49. Eine Vorzugsaktie gewährt kein Stimmrecht, wenn in der Satzung nicht anders vorgesehen, berechtigt aber zum Bezug von fixen Dividenden und gewährt einen Vorzug gegenüber gewöhnlichen Aktien bei der Gewinnverteilung und bei der Liquidation der Gesellschaft.[52]

IX. Registrierung der Aktionäre

50. Jede Gesellschaft führt ein Register der Aktionäre, das folgende Angaben zwingend beinhaltet:
- die Anzahl und Typen der Aktien,
- das Datum des Erwerbs,
- den Namen (die Firma) und den Wohnort (Sitz) des Aktionärs,
- den Nominalwert und den Kaufpreis der Aktien.[53]

51. Die Gesellschaft kann Banken und andere spezialisierte Organisationen mit der Registrierung der Aktionäre beauftragen.[54]

52. Die Aktionäre sind verpflichtet, die Gesellschaft rechtzeitig über Änderungen des Sitzes (Wohnortes) in Kenntnis zu setzen. Die Gesellschaft haftet nicht, wenn sie über solche Änderungen nicht benachrichtigt wurde.[55]

53. Rechtsgeschäfte über Kauf und Verkauf von Aktien erfolgen durch das Ausfüllen vorgefertigter Formblätter mit den Unterschriften beider Parteien und des Vermittlers. Ist eine der Vertragsparteien eine Bank, welche über eine Lizenz zum Handel von Wertpapieren verfügt, dann wird das Dokument über die Übertragung des Eigentumsrechts mit zwei Unterschriften bestätigt. Die endgültige Abrechnung des Geschäftes, die Übertragung der Wertpapiere auf den Erwerber oder die Ausgabe neuer Zertifikate muß innerhalb von 10 Werktagen beglaubigt werden.[56]

---

[51] Vgl. dazu Kapitel 5.1.8., 4.12. und 5.13. des Kommentars.
[52] Vgl. dazu Kapitel 5.1.6.2. und 6.2.3. des Kommentars.
[53] Vgl. dazu Kapitel 5.13. des Kommentars.
[54] Vgl. dazu Kapitel 4.15. des Kommentars.
[55] Vgl. dazu Kapitel 5.1.2. und 6.2.3. des Kommentars.
[56] Vgl. dazu Kapitel 4.14. des Kommentars.

X. СЕРТИФИКАТЫ АКЦИЙ

54. Сертификат акции — ценная бумага, которая является свидетельством владения поименованного в нем лица определенным числом акций общества.

55. Акционеру бесплатно выделяется один сертификат на все принадлежащие ему акции в случае их полной оплаты. Дополнительные сертификаты выдаются за определенную плату.

56. Сертификат имеет следующие реквизиты: номер, количество акций, номинальная стоимость, наименование эмитента, статус эмитента, категория акции, наименование (имя) владельца, ставка дивиденда (привилегированной акции), подписи двух ответственных лиц общества, печать общества, условия обращения, наименование и местонахождение общества и регистратора бумаг, наименование банка или агента (на обороте).

57. Передача сертификата от одного лица к другому означает совершение сделки и переход права собственности на акции только в случае регистрации операции в установленном порядке.

58. Утерянный сертификат возобновляется за плату.

X. Aktienzertifikate

54. Das Aktienzertifikat ist ein Wertpapier, das eine Urkunde über das Eigentum der auf ihr angeführten Person an einer bestimmten Anzahl von Aktien einer Gesellschaft.[57])

55. Ein Aktionär erhält kostenlos ein Zertifikat über alle ihm gehörenden Aktien, wenn diese zur Gänze bezahlt wurden. Zusätzliche Zertifikate werden für ein festgelegtes Entgelt ausgehändigt.[58])

56. Ein Zertifikat enthält folgende Merkmale:
- die Nummer,
- die Anzahl der Aktien,
- den Nominalwert,
- die Firma des Emittenten,
- den Status des Emittenten,
- den Typ der Aktien,
- die Firma (den Namen) des Inhabers,
- den Satz der Dividende (der Vorzugsaktie),
- die Unterschrift von zwei Bevollmächtigten der Gesellschaft,
- den Stempel der Gesellschaft,
- die Bedingungen der Übertragung,
- die Firma und den Sitz der Gesellschaft und des Registrators der Wertpapiere,
- die Firma der Bank oder des Agenten (auf der Rückseite).[59])

57. Die Übergabe eines Zertifikates von einer Person an eine andere bedeutet die Vollendung des Rechtsgeschäftes und die Übertragung des Eigentumsrechts an den Aktien nur bei Registrierung der Transaktion nach dem vorgeschriebenen Verfahren.[60])

58. Ein verlorenes Zertifikat wird kostenpflichtig ersetzt.[61])

---

[57]) Vgl. dazu Kapitel 4.15. des Kommentars.
[58]) Vgl. dazu Kapitel 4.14. und 4.15. des Kommentars.
[59]) Vgl. dazu Kapitel 4.15. des Kommentars.
[60]) Vgl. dazu Kapitel 4.14. und 6.2.3. des Kommentars.
[61]) Vgl. dazu Kapitel 4.15. des Kommentars.

XI. ЗАЕМНЫЙ КАПИТАЛ ОБЩЕСТВА

59. Общество выпускает облигационные займы на срок не менее одного года.

60. Облигацией является долговое обязательство общества в виде ценной бумаги, предоставляющей право ее владельцу на выплату номинальной суммы в оговоренный срок и ежегодно — оговоренных процентов.

Проценты должны выплачиваться как минимум один раз в год в установленные сроки независимо от прибыли и финансового состояния общества. В противном случае общество может быть объявлено неплатежеспособным.

Владельцу облигации ежегодные проценты не выплачиваются, если это указано в облигации и стоимость ее эмиссий меньше номинальной стоимости.

61. Облигации могут быть именными и на предъявителя. Облигация на предъявителя содержит следующие реквизиты: номер, номинал, процентная ставка, наименование общества-эмитента, общая сумма займа, условия и порядок выплаты процентов.

Именная облигация содержит дополнительный реквизит — наименование (имя) держателя.

62. По именным облигациям общество ведет специальный реестр их владельцев.

63. Эмиссия, регистрация и обращение облигаций регулируются Положением об обращении ценных бумаг и фондовых биржах.

64. Держатели облигаций имеют преимущественное право на распределяемую прибыль и активы общества при ликвидации по сравнению с владельцами акций.

XI. Fremdkapital der Gesellschaft[62])

59. Schuldverschreibungen werden von der Gesellschaft für eine Mindestlaufzeit von einem Jahr ausgegeben.

60. Eine Schuldverschreibung ist eine Verbindlichkeit der Gesellschaft in Form eines Wertpapiers, welches den Inhaber zur Auszahlung des Nominalwertes zum vereinbarten Zeitpunkt und zum jährlichen Bezug der vereinbarten Zinsen berechtigt.
Die Zinsen müssen mindestens einmal jährlich in vereinbarten Zeiträumen unabhängig vom Gewinn und der finanziellen Situation der Gesellschaft ausgezahlt werden. Andernfalls kann die Gesellschaft für zahlungsunfähig erklärt werden.
Dem Inhaber einer Schuldverschreibung werden keine jährlichen Zinsen ausbezahlt, wenn dies auf der Schuldverschreibung vermerkt ist und der Emissionspreis unter dem Nominalwert liegt.

61. Schuldverschreibungen können auf den Namen und auf den Inhaber lauten. Eine auf den Inhaber lautende Schuldverschreibung enthält folgende Merkmale:
- die Nummer,
- den Nominalwert,
- den Zinssatz,
- die Firma der emittierenden Gesellschaft,
- die Gesamtsumme der Emission,
- die Bedingungen und Regeln für die Auszahlung von Zinsen.
Eine auf den Namen lautende Schuldverschreibung enthält ein zusätzliches Merkmal - die Firma (den Namen) des Inhabers.

62. Für die auf Namen lautenden Schuldverschreibungen führt die Gesellschaft ein spezielles Register der Inhaber.

63. Die Verordnung über den Umlauf von Wertpapieren und Effektenbörsen reguliert Emission, Registrierung und Übertragung von Schuldverschreibungen.

64. Inhaber von Schuldverschreibungen haben gegenüber den Aktieninhabern ein Vorzugsrecht auf den zu verteilenden Gewinn und das Vermögen der Gesellschaft bei der Liquidation.

---

[62]) Vgl. dazu Kapitel 8. des Kommentars.

65. Утерянная именная облигация возобновляется за плату.

66. Облигация на предъявителя в случае потери возобновляется в порядке, установленном гражданско-процессуальным законодательством РСФСР для восстановления права по утраченным документам на предъявителя.

XII. ПРИБЫЛЬ ОБЩЕСТВА

67. Балансовая и чистая прибыль акционерного общества определяется в порядке, предусмотренном действующим законодательством.

68. Чистая прибыль общества (после уплаты налогов) остается в распоряжении общества и по решению Совета директоров перераспределяется между акционерами в виде дивиденда или перечисляется в резервы.

XIII. НАЛОГООБЛОЖЕНИЕ ОБЩЕСТВ

69. Балансовая прибыль обществ облагается налогом в соответствии с действующим законодательством о налогах с предприятий, объединений и организаций.

XIV. ДИВИДЕНД

70. Дивидендом является часть чистой прибыли общества, распределяемая среди акционеров пропорционально числу акций, находящихся в их собственности.

65. Eine verlorene auf den Namen lautende Schuldverschreibung wird kostenpflichtig erneuert.

66. Eine verlorene auf den Inhaber lautende Schuldverschreibung wird nach den Vorschriften der bürgerlich-verfahrensrechtlichen Gesetzgebung Rußlands für die Wiederherstellung des Rechts auf verlorengegangenen Inhaberdokumente ersetzt.

XII. Gewinn der Gesellschaft[63])

67. Der Bilanz- und der Reingewinn der Gesellschaft werden nach den Regeln der geltenden Gesetzgebung festgestellt.[64])

68. Der Reingewinn der Gesellschaft (nach Steuern) bleibt in der Verfügung der Gesellschaft und wird nach dem Beschluß des Direktorenrates unter den Aktionären verteilt oder den Rücklagen zugeführt.[65])

XIII. Besteuerung der Gesellschaft

69. Der Bilanzgewinn einer Gesellschaft wird entsprechend der geltenden Gesetzgebung über die Besteuerung von Unternehmen, Vereinigungen und Organisationen besteuert.[66])

XIV. Dividenden

70. Dividenden sind jener Teil des Reingewinnes der Gesellschaft, der unter den Aktionären entsprechend der Anzahl der Aktien in ihrem Besitz verteilt wird.[67])

---

[63]) Vgl. dazu Kapitel 4.8. des Kommentars.
[64]) Vgl. dazu Kapitel 6.1. und 6.2.1. des Kommentars.
[65]) Vgl. dazu Kapitel 6.2.3. des Kommentars.
[66]) Vgl. dazu Kapitel 6.2.1. des Kommentars.
[67]) Vgl. dazu Kapitel 4.12. und 6.2.3. des Kommentars.

71. Дивиденд может выплачиваться ежеквартально, раз в полгода или раз в год. Промежуточный дивиденд объявляется директорами и имеет фиксированный размер. Окончательный дивиденд объявляется общим годовым собранием по результатам года с учетом выплаты промежуточных дивидендов.

Размер окончательного дивиденда в расчете на одну обыкновенную акцию определяется общим собранием акционеров по предложению директоров общества. Дивиденд не может быть больше рекомендованного директорами, но может быть уменьшен собранием.

72. Фиксированный дивиденд по привилегированным акциям и процент по облигациям устанавливается при их выпуске.

73. Дивиденд не выплачивается по акциям, которые не были выпущены в обращение или находятся на балансе общества.

74. Дивиденд может выплачиваться акциями (капитализация прибыли), облигациями и товарами, если это предусмотрено уставом общества.

75. Выплату дивидендов производит банк-агент либо само общество (общий порядок выплаты дивидендов устанавливает Министерство финансов РСФСР).

76. Общество объявляет размер дивиденда без учета налогов.

77. Общество или банк-агент выступают агентами государства по сбору налогов у источников и выплачивают акционерам дивиденды за вычетом соответствующих налогов.

71. Dividenden können quartalsmäßig, halbjährlich oder jährlich ausgezahlt werden. Vorläufige Dividenden werden von den Direktoren festgelegt und sind in ihrer Höhe fixiert. Endgültige Dividenden werden von der jährlichen Hauptversammlung der Aktionäre entsprechend dem Jahresergebnis und unter Berücksichtigung der ausgezahlten vorläufigen Dividenden festgestellt.

Die Höhe der endgültigen Dividenden je Aktie wird von der Hauptversammlung der Aktionäre auf Vorschlag der Direktoren der Gesellschaft festgestellt. Dividenden können nicht höher sein als von den Direktoren vorgeschlagen, aber von der Hauptversammlung herabgesetzt werden.[68]

72. Feste Dividenden auf Vorzugsaktien und die Zinsen auf Schuldverschreibungen werden bei der Emission festgestellt.[69]

73. Keine Dividenden werden auf Aktien ausgezahlt, die nicht in Umlauf gebracht wurden oder sich in der Verfügung der Gesellschaft befinden.[70]

74. Dividenden können in Form von Aktien (Kapitalisierung des Gewinns), Schuldverschreibungen und Waren ausgezahlt werden, wenn das in der Satzung der Gesellschaft vorgesehen ist.[71]

75. Die Auszahlung der Dividenden erfolgt durch eine als Agent handelnde Bank oder die Gesellschaft selbst (die Vorschriften über die Dividendenauszahlung werden durch das Ministerium für Finanzen Rußlands erlassen).[72]

76. Eine Gesellschaft erklärt die Höhe der Dividenden ohne Berücksichtigung ihrer Besteuerung.[73]

77. Die Gesellschaft oder die als Agent handelnde Bank treten als Agenten des Staates zur Einhebung von Steuern an der Quelle auf und zahlen die Dividenden nach dem Abzug der entsprechenden Steuern an die Aktionäre.[74]

---

[68] Vgl. dazu Kapitel 6.1. und 6.2.3. des Kommentars.
[69] Vgl. dazu Kapitel 6.2.3. des Kommentars.
[70] Vgl. dazu Kapitel 5.1.6.3. und 6.2.3. des Kommentars.
[71] Vgl. dazu Kapitel 6.2.3. des Kommentars.
[72] Vgl. dazu Kapitel 6.2.3. des Kommentars.
[73] Vgl. dazu Kapitel 6.2.3. des Kommentars.
[74] Vgl. dazu Kapitel 6.2.3. des Kommentars.

78. Порядок выплаты дивидендов оговаривается при выпуске ценных бумаг и излагается на оборотной стороне акции или сертификата.

79. По невыплаченным и неполученным дивидендам проценты не начисляются.

80. Дивиденд выплачивается чеком, платежным поручением или почтовым переводом.

На дивиденд имеют право акции, приобретенные не позднее чем за 30 дней до официально объявленной даты его выплаты.

XV. РЕЗЕРВЫ

81. Общество создает необходимые для своей деятельности резервы в размере не менее 10 процентов уставного капитала. Порядок формирования и использования резервов определяется уставом.

82. Отчисления в резервный фонд устанавливаются собранием акционеров.

XVI. ОПЦИОНЫ

83. Общество в соответствии со своим уставом или решением акционеров имеет право предоставить работникам право купить определенное число акций на льготных условиях (опцион).

84. Общество в соответствии со своим уставом может выделять определенный процент прибыли после уплаты налогов для распределения среди работников, в том числе в виде денежного вознаграждения или акций.

78. Die Regeln für die Auszahlung von Dividenden werden bei der Emission von Wertpapieren festgelegt und auf der Rückseite der Aktie oder des Zertifikates vermerkt.[75])

79. Auf nicht ausbezahlten und nicht erhaltenen Dividenden werden keine Zinsen hinzugerechnet.[76])

80. Dividenden werden mittels Schecks, Zahlungsauftrags oder Postanweisung ausgezahlt.
Zum Bezug von Dividenden sind nur jene Aktien berechtigt, die nicht später als 30 Tage vor dem offiziell bekanntgegebenen Tag der Dividendenauszahlung erworben wurden.[77])

XV. Rücklagen[78])

81. Die Gesellschaft bildet die für ihre Tätigkeit notwendigen Rücklagen in der Höhe von nicht weniger als 10 Prozent des Grundkapitals. Die Regeln über die Bildung und Nutzung von Rücklagen werden in der Satzung festgelegt.

82. Die Zuweisung zum Rücklagenfonds wird durch die Hauptversammlung der Aktionäre beschlossen.

XVI. Optionen[79])

83. Die Gesellschaft ist berechtigt, in Übereinstimmung mit ihrer Satzung oder dem Beschluß der Aktionäre den Arbeitnehmern das Recht zu gewähren, eine bestimmte Anzahl von Aktien zu begünstigten Bedingungen zu erwerben (Option).

84. Eine Gesellschaft kann in Übereinstimmung mit ihrer Satzung einen bestimmten Prozentsatz des Gewinns nach Steuern zur Verteilung unter den Arbeitnehmern in Form entweder von Geldleistungen oder Aktien bestimmen.[80])

---

[75]) Vgl. dazu Kapitel 6.2.3. des Kommentars.
[76]) Vgl. dazu Kapitel 6.2.3. des Kommentars.
[77]) Vgl. dazu Kapitel 6.2.3. des Kommentars.
[78]) Vgl. dazu Kapitel 6.2.2. des Kommentars.
[79]) Vgl. dazu Kapitel 9. des Kommentars.
[80]) Vgl. dazu Kapitel 6.2.3. des Kommentars.

XVII. ОТЧЕТНОСТЬ ОБЩЕСТВ

85. Финансовый год для общества устанавливается с 1 января по 31 декабря.

86. Годовое собрание должно быть проведено не позднее трех месяцев после окончания финансового года и утвердить итоги финансового года.

87. В течение двух месяцев после проведения годового собрания публикуется годовой отчет и баланс общества по форме и в порядке, определяемом Министерством финансов РСФСР.

88. Перед представлением отчета годовому собранию он должен быть проверен и подтвержден назначенной общим собранием акционеров аудиторской организацией.

89. Общество и его должностные лица несут ответственность за достоверность информации, содержащейся в отчете.

90. Общество ежеквартально публикует и рассылает акционерам баланс общества, счет прибылей и убытков и другую текущую информацию.

XVII. Rechnungswesen der Gesellschaften

85. Das Finanzjahr der Gesellschaft beginnt am 1. Jänner und endet am 31. Dezember.[81])

86. Die Jahresversammlung muß innerhalb von 3 Monaten nach dem Ende des Finanzjahres durchgeführt werden und das Ergebnis des Finanzjahres feststellen.[82])

87. Innerhalb von 2 Monaten nach der Durchführung der Jahresversammlung werden der Jahresbericht und die Bilanz der Gesellschaft publiziert. Die Form und Ordnung der Publikation werden vom Ministerium für Finanzen Rußlands festgelegt.[83])

88. Vor der Vorlage des Jahresberichtes an die Jahresversammlung muß dieser von einer von der Hauptversammlung der Aktionäre bestimmten Abschlußprüfungsorganisation geprüft und bestätigt werden.[84])

89. Die Gesellschaft und ihre Leitung tragen die Verantwortung für die Richtigkeit der im Jahresbericht enthaltenen Information.[85])

90. Die Gesellschaft publiziert und übersendet den Aktionären die Bilanz der Gesellschaft, die Gewinn- und Verlustrechnung und andere laufende Informationen quartalsmäßig.[86])

---

[81]) Vgl. dazu Kapitel 5.1.10. und 6.1. des Kommentars.
[82]) Vgl. dazu Kapitel 5.1.10. und 6.2. des Kommentars.
[83]) Vgl. dazu Kapitel 6.4. des Kommentars.
[84]) Vgl. dazu Kapitel 6.3. des Kommentars.
[85]) Vgl. dazu Kapitel 6.5. des Kommentars.
[86]) Vgl. dazu Kapitel 5.1.7., 6.1., 6.4. und 6.5. des Kommentars.

XVIII. ОРГАНЫ УПРАВЛЕНИЯ ОБЩЕСТВА

Собрание акционеров

91. Высшим органом управления общества является общее собрание акционеров, к исключительной компетенции которого относятся изменение устава и уставного капитала, избрание директоров, утверждение годовых результатов деятельности, создание и ликвидация дочерних предприятий или филиалов, а также реорганизация и ликвидация общества.

92. Общество раз в год проводит общее годовое собрание акционеров независимо от других собраний. Между общими годовыми собраниями не может пройти свыше 15 месяцев.

93. Все собрания помимо годового являются чрезвычайными.

94. Чрезвычайные собрания созываются Советом директоров общества, ревизионной комиссией или акционерами, имеющими не менее 10 процентов акций, если иное не оговорено в уставе общества.

95. Письменное уведомление о созыве собрания должно быть направлено акционеру не позднее чем за 30 дней до даты его проведения заказным письмом по адресу, указанному в книге регистрации акций. По решению собрания уведомление может осуществляться путем опубликования в определенной газете соответствующего объявления.

96. Уведомление о чрезвычайном собрании должно содержать формулировку вопроса, выносимого на обсуждение.

97. Уведомление направляется всем акционерам, уплатившим все взносы по обыкновенным акциям, а также аудитору общества.

XVIII. Organe der Leitung der Gesellschaft

Versammlung der Aktionäre

91. Das höchste Organ der Leitung der Gesellschaft ist die Hauptversammlung der Aktionäre, zu deren ausschließlichen Kompetenzen die Änderung der Satzung und des Grundkapitals, die Wahl der Direktoren, die Bestätigung der jährlichen Ergebnisse der Tätigkeit, die Gründung und Liquidation von Tochtergesellschaften oder Filialen sowie die Reorganisation und Liquidation der Gesellschaft gehören.[87]

92. Einmal im Jahr führt die Gesellschaft eine jährliche Hauptversammlung der Aktionäre unabhängig von anderen Versammlungen durch. Zwischen den jährlichen Hauptversammlungen dürfen nicht mehr als 15 Monate liegen.[88]

93. Alle Versammlungen außer der jährlichen Hauptversammlung sind außerordentlich.[89]

94. Außerordentliche Versammlungen werden vom Direktorenrat der Gesellschaft, von der Revisionskommission oder Aktionären mit nicht weniger als 10 Prozent der Aktien, wenn nicht anders in der Satzung der Gesellschaft bestimmt, einberufen.[90]

95. Eine schriftliche Mitteilung über die Einberufung der Versammlung muß an den Aktionär an die im Buch der Registrierung der Aktien angegebene Adresse nicht später als 30 Tage vor dem Tag ihrer Durchführung mit einem eingeschriebenen Brief gerichtet werden. Die Versammlung kann beschließen, daß die Mitteilung mittels Publikation in einer bestimmten Zeitung erfolgen kann.[91]

96. Die Mitteilung einer außerordentlichen Versammlung hat die zur Erörterung vorgebrachten Fragen zu enthalten.[92]

97. Die Mitteilung richtet sich an alle Aktionäre, die ihre gewöhnlichen Aktien bezahlt haben sowie an den Abschlußprüfer der Gesellschaft.[93]

---

[87] Vgl. dazu Kapitel 5.1.1., 5.1.11.2., 5.2.3. und 8. des Kommentars.
[88] Vgl. dazu Kapitel 5.1.10. des Kommentars.
[89] Vgl. dazu Kapitel 5.1.11. des Kommentars.
[90] Vgl. dazu Kapitel 5.1.7., 5.1.11.1. und 5.4.2. des Kommentars.
[91] Vgl. dazu Kapitel 5.1.2. und 5.1.4. des Kommentars.
[92] Vgl. dazu Kapitel 5.1.2. des Kommentars.
[93] Vgl. dazu Kapitel 5.1.6., 5.1.6.1. und 5.1.6.3. des Kommentars.

98. Годовое собрание акционеров:

утверждает отчет директоров, годовой баланс, счет прибылей и убытков;

избирает директоров и других руководителей общества;

назначает аудитора и устанавливает оплату его услуг.

99. Собрание правомочно в случае присутствия не менее половины акционеров или их законных представителей (по числу акций).

100. Собрание ведет председатель Совета директоров или его заместитель. В случае их отсутствия председательствует один из директоров по выбору членов Совета директоров. Если директора отсутствуют или отказываются председательствовать, то собрание выбирает председателя из числа акционеров.

101. Если в течение получаса не собран кворум, то собрание, созванное по требованию акционеров, распускается. Собрание, созванное директорами, откладывается до срока, устанавливаемого председательствующим (не более чем на 30 дней). Повторное собрание считается полномочным при любом числе собравшихся акционеров.

102. По решению собрания, на котором есть кворум, оно может приостанавливаться на срок до 30 дней. На возобновленном собрании могут решаться только вопросы первоначальной повестки дня.

98. Die jährliche Versammlung der Aktionäre:
- bestätigt den Bericht der Direktoren, die jährliche Bilanz und die Gewinn- und Verlustrechnung;
- wählt Direktoren und andere leitende Dienstnehmer der Gesellschaft;
- bestellt den Abschlußprüfer und bestimmt das Entgelt für seine Leistungen.[94])

99. Eine Versammlung ist rechtskräftig, wenn an ihr nicht weniger als die Hälfte der Aktionäre oder ihrer gesetzlichen Vertreter (nach der Anzahl der Aktien) teilnehmen.[95])

100. Die Versammlung leitet der Vorsitzende des Direktorenrates oder sein Stellvertreter. Im Fall ihrer Abwesenheit führt den Vorsitz einer der Direktoren, der von den Mitgliedern des Direktorenrates gewählt wird. Wenn die Direktoren abwesend sind oder die Vorsitzführung ablehnen, wählt die Versammlung aus der Mitte der Aktionäre einen Vorsitzenden.[96])

101. Wenn innerhalb einer halben Stunde das Quorum nicht versammelt ist, wird eine von Aktionären einberufene Versammlung aufgelöst. Eine von den Direktoren einberufene Versammlung wird unter einer Fristsetzung durch den Vorsitzenden vertagt (nicht mehr als 30 Tage). Eine wiederholte Versammlung gilt bei jeder Zahl der versammelten Aktionäre als rechtskräftig.[97])

102. Die Versammlung mit dem notwendigen Quorum kann beschließen, daß sie bis zu einer Zeitspanne von 30 Tagen unterbrochen wird. Auf der fortgesetzten Versammlung können nur Fragen der ursprünglichen Tagesordnung behandelt werden.[98])

---

[94]) Vgl. dazu Kapitel 4.2., 5.1.2., 5.1.10.1., 5.1.10.2., 5.2.8., 6.1. und 6.3. des Kommentars.
[95]) Vgl. dazu Kapitel 5.1.4. und 5.1.6.1. des Kommentars.
[96]) Vgl. dazu Kapitel 5.1.3. und 5.1.6.3. des Kommentars.
[97]) Vgl. dazu Kapitel 5.1.4. des Kommentars.
[98]) Vgl. dazu Kapitel 5.1.4. des Kommentars.

103. Вопросы на собрании решаются голосованием (одна акция — один голос). Для проведения голосования секретарь Совета директоров общества готовит именные бюллетени для голосования с указанием наименования (имени) акционера, числа акций в его собственности и возможных вариантов голосования. Если акционер не присутствует на собрании, он обязан предоставить доверенность на голосование Совету директоров или своему представителю. Если такая доверенность не предоставлена, то акционер считается не участвующим в голосовании.

104. В случае равенства голосов голос председательствующего является решающим.

105. Изменение устава и решение о реорганизации или о прекращении деятельности общества принимается большинством в три четверти голосов присутствующих на собрании акционеров. По всем другим вопросам достаточно простого большинства голосов присутствующих на собрании акционеров.

106. Акционер или его представитель может присутствовать на собрании только в случае урегулирования всех расчетов по акциям.

107. Представитель акционера может участвовать в собрании и голосовании только при наличии нотариально удостоверенной доверенности.

Директора общества

108. В промежутках между общими собраниями высшим органом управления обществом является Совет директоров.

103. Die Beschlüsse der Versammlung werden durch Abstimmung gefaßt (eine Aktie - eine Stimme). Für die Durchführung der Abstimmung bereitet der Sekretär des Direktorenrates der Gesellschaft auf den Namen lautende Wahlzettel für die Abstimmung mit Angabe der Firma (des Namens) des Aktionärs, der Anzahl der Aktien in seiner Verfügung und möglichen Varianten der Abstimmung vor. Nimmt der Aktionär an der Versammlung nicht teil, ist er verpflichtet dem Direktorenrat oder seinem Vertreter eine Vollmacht für die Stimmabgabe auszustellen. Wird eine derartige Vollmacht nicht ausgestellt, gilt dies als seine Nichtteilnahme an der Abstimmung.[99])

104. Im Fall der Stimmengleichheit gilt die Stimme des Vorsitzenden als entscheidend.[100])

105. Satzungsänderungen und Beschlüsse über die Reorganisation oder Beendigung der Tätigkeit der Gesellschaft werden mit Dreiviertelmehrheit der Stimmen der bei der Versammlung anwesenden Aktionäre angenommen. In allen anderen Angelegenheiten genügt die einfache Mehrheit der Stimmen der bei der Versammlung anwesenden Aktionäre.[101])

106. Ein Aktionär oder sein Vertreter können an der Versammlung nur nach Bezahlung aller Aktien teilnehmen.[102])

107. Der Vertreter eines Aktionärs kann nur dann an der Versammlung und der Abstimmung teilnehmen, wenn er über eine notariell beurkundete Vollmacht verfügt.[103])

Direktoren der Gesellschaft

108. Zwischen den Hauptversammlungen der Aktionäre ist der Direktorenrat das oberste Organ der Leitung der Gesellschaft.[104])

---

[99]) Vgl. dazu Kapitel 5.1.8., 4.12., 5.1.6.1. und 5.1.6.3. des Kommentars.
[100]) Vgl. dazu Kapitel 5.1.9. des Kommentars.
[101]) Vgl. dazu Kapitel 7., 5.1.9. und 5.2.3. des Kommentars.
[102]) Vgl. dazu Kapitel 4.11. und 5.1.6. des Kommentars.
[103]) Vgl. dazu Kapitel 5.1.6.1. des Kommentars.
[104]) Vgl. dazu Kapitel 5.1.1. und 5.1.10.1. des Kommentars.

109. Число директоров определяется общим собранием акционеров, но должно быть нечетным и не менее трех человек в закрытом обществе и не менее пяти — в открытом.

В случае, если у общества менее трех учредителей-акционеров в закрытом и менее пяти — в открытом обществе, то число директоров должно равняться числу учредителей-акционеров.

110. Директором может быть только акционер или представитель акционера, имеющего оговоренное в уставе число акций.

111. Директора избираются на два года и могут переизбираться неограниченное число раз.

112. Для избрания на собрании могут предлагаться директора с истекающим сроком полномочий, лица, выдвигаемые директорами или акционерами. О намерении выдвинуть кандидата на пост директора письменно сообщается в Совет директоров общества не позднее чем за неделю до собрания одновременно с подписанным согласием кандидата баллотироваться.

113. Собрание может увеличить число директоров и избрать дополнительных директоров для выполнения определенных функций.

Собрание не может освободить директора до истечения срока его полномочий.

114. В период между собраниями Совет директоров может назначить директора для заполнения образовавшейся вакансии. Перед очередным годовым собранием он слагает с себя полномочия, но может быть переизбран.

109. Die Anzahl der Direktoren wird durch die Hauptversammlung der Aktionäre festgelegt, muß aber ungerade und darf nicht kleiner als 3 Personen bei einer geschlossenen und nicht kleiner als 5 Personen bei einer offenen Gesellschaft sein.
Hat die Gesellschaft weniger als 3 Gründer bei einer geschlossenen und weniger als 5 bei einer offenen Gesellschaft, muß die Anzahl der Direktoren der Anzahl der Gründer-Aktionäre gleichen.[105]

110. Nur ein Aktionär oder der Vertreter eines Aktionärs, der über eine in der Satzung festgelegte Anzahl von Aktien verfügt, kann Direktor sein.[106]

111. Direktoren werden für den Zeitraum von 2 Jahren gewählt und können beliebig oft wiedergewählt werden.[107]

112. Zur Wahl können in der Versammlung Direktoren mit einer ablaufenden Vollmacht sowie Personen, die von Direktoren oder Aktionären aufgestellt werden, vorgeschlagen werden. Über das Vorhaben, einen Kandidaten für einen Direktorenposten aufzustellen, ist dem Direktorenrat der Gesellschaft nicht später als eine Woche vor der Versammlung in schriftlicher Form zusammen mit dem unterzeichneten Einverständnis des Kandidaten, zu kandidieren, zu berichten.[108]

113. Die Versammlung kann die Anzahl der Direktoren vergrößern und zusätzliche Direktoren zwecks Ausübung bestimmter Funktionen wählen.
Die Versammlung kann einen Direktor von seinen Pflichten vor dem Ablauf des Zeitraums der Vollmachtserteilung nicht befreien.[109]

114. Im Zeitraum zwischen den Versammlungen kann der Direktorenrat einen Direktor zur Ausfüllung einer entstandenen Vakanz bestimmen. Vor der nächsten jährlichen Versammlung legt er seine Vollmachten zurück kann aber wiedergewählt werden.[110]

---

[105] Vgl. dazu Kapitel 5.2.1. des Kommentars.
[106] Vgl. dazu Kapitel 5.2.2. und 5.2.4. des Kommentars.
[107] Vgl. dazu Kapitel 5.2.3. des Kommentars.
[108] Vgl. dazu Kapitel 5.2.2. des Kommentars.
[109] Vgl. dazu Kapitel 5.2.1. und 5.2.4. des Kommentars.
[110] Vgl. dazu Kapitel 5.2.3. des Kommentars.

115. Членам Совета директоров размер вознаграждения и компенсации в период исполнения обязанностей устанавливается общим собранием акционеров общества.

116. В полномочия Совета директоров входит решение всех вопросов деятельности общества, если они не отнесены к исключительной компетенции общего собрания акционеров.

117. Директора выбирают председателя Совета директоров и одного или нескольких заместителей на два года. Председатель Совета или его заместитель председательствуют на заседаниях Совета. В случае их отсутствия члены Совета директоров выбирают председательствующего из числа присутствующих директоров.

118. Заседание Совета директоров собирается председателем Совета или любыми двумя директорами.

119. Директора общества принимают решения и организуют работу по своему усмотрению. Если не оговорено иное, кворумом является присутствие двух третей членов Совета директоров. В случае равенства голосов решающим является голос председательствующего.

120. Решение, подписанное всеми директорами, находящимися в данный момент на территории СССР, имеет такую же силу, что и решение Совета директоров, если иное не предусмотрено уставом общества.

121. Совет директоров проводит заседания по мере необходимости, но не реже одного раза в месяц.

115. Die Höhe des Entgeltes und der Spesenersatz für Direktoren für den Zeitraum ihrer Aufgabenerfüllung werden von der Hauptversammlung der Aktionäre der Gesellschaft festgelegt.[111])

116. Die Vollmacht des Direktorenrates umfaßt die Beschlußfassung in allen Fragen der Tätigkeit der Gesellschaft, solange sie nicht zu den ausschließlichen Kompetenzen der Hauptversammlung der Aktionäre gehören.[112])

117. Die Direktoren wählen den Vorsitzenden des Direktorenrates und einen oder mehrere Stellvertreter für den Zeitraum von 2 Jahren. Der Vorsitzende des Rates oder sein Vertreter führen den Vorsitz in den Sitzungen des Rates. Im Fall ihrer Abwesenheit wählen die Mitglieder des Direktorenrates einen Vorsitzenden aus der Mitte der anwesenden Direktoren.[113])

118. Eine Sitzung des Direktorenrates wird vom Vorsitzenden des Rates oder 2 beliebigen Direktoren einberufen.[114])

119. Die Direktoren der Gesellschaft fassen Beschlüsse und organisieren ihre Arbeit nach eigenem Ermessen. Wenn nicht anders vereinbart, gilt als Quorum die Anwesenheit von zwei Dritteln der Mitglieder des Direktorenrates. Im Fall der Stimmengleichheit ist die Stimme des Vorsitzenden entscheidend.[115])

120. Ein Beschluß, der von allen Direktoren unterzeichnet ist, die sich zu diesem Zeitpunkt auf dem Staatsgebiet der UdSSR befinden, hat die gleiche Rechtskraft wie der Beschluß des Direktorenrates, wenn in der Satzung nicht anders bestimmt.[116])

121. Der Direktorenrat wird bei Notwendigkeit, aber nicht seltener als einmal im Monat einberufen.[117])

---

[111]) Vgl. dazu Kapitel 5.2.5. des Kommentars.
[112]) Vgl. dazu Kapitel 5.2.12. des Kommentars.
[113]) Vgl. dazu Kapitel 5.2.6. des Kommentars.
[114]) Vgl. dazu Kapitel 5.2.7. des Kommentars.
[115]) Vgl. dazu Kapitel 5.1.1., 5.2.7. und 5.2.12. des Kommentars.
[116]) Vgl. dazu Kapitel 5.2.7. des Kommentars.
[117]) Vgl. dazu Kapitel 5.2.7. des Kommentars.

122. Директора назначают секретаря Совета, который обеспечивает ведение протоколов общих собраний акционеров и заседаний Совета директоров.

123. Совет директоров может при необходимости создавать комитеты из своего числа и других сотрудников общества для решения конкретных вопросов.

Правление общества

124. Из числа директоров собрание назначает генерального (исполнительного) директора (президента) общества.

125. По представлению генерального (исполнительного) директора (президента) общества Совет директоров утверждает состав Правления общества, состоящий из исполнительных директоров общества и управляющих — руководителей основных подразделений общества. Правление является исполнительным органом общества. Генеральный директор председательствует на заседаниях Правления.

126. В период между собраниями акционеров и заседаниями Совета директоров Правление руководит всей деятельностью общества в пределах компетенции, определенной уставом.

127. Заседания Правления проводятся по мере необходимости.

128. Генеральный директор вправе без доверенности осуществлять действия от имени общества. Другие члены правления действуют в пределах компетенции, определенной уставом или решением общего собрания акционеров.

122. Die Direktoren bestimmen einen Sekretär des Rates, der für die Protokollführung in den Hauptversammlungen der Aktionäre und in den Sitzungen des Direktorenrates zuständig ist.[118])

123. Der Direktorenrat kann, wenn erforderlich, Ausschüsse aus der eigenen Mitte und anderen Mitarbeitern der Gesellschaft zur Behandlung von konkreten Fragen bilden.[119])

Vorstand der Gesellschaft

124. Aus der Mitte der Direktoren bestellt die Versammlung den General-/Exekutivdirektor (Präsidenten) der Gesellschaft.[120])

125. Auf Vorschlag des General-/Exekutivdirektors (Präsidenten) der Gesellschaft bestätigt der Direktorenrat den personelle Zusammensetzung des Vorstandes der Gesellschaft, bestehend aus Exekutivdirektoren der Gesellschaft und Leitern von Hauptabteilungen der Gesellschaft. Der Vorstand ist das Exekutivorgan der Gesellschaft. Der Generaldirektor führt den Vorsitz in den Vorstandssitzungen.[121])

126. Im Zeitraum zwischen den Versammlungen der Aktionäre und den Sitzungen des Direktorenrates führt der Vorstand alle Geschäfte der Gesellschaft im Rahmen der ihm von der Satzung übertragenen Kompetenzen.[122])

127. Die Sitzungen des Vorstandes finden bei Notwendigkeit statt.[123])

128. Der Generaldirektor ist berechtigt, ohne eine Vollmacht die Geschäfte im Namen der Gesellschaft zu führen. Andere Vorstandsmitglieder agieren im Rahmen der Kompetenzen, die in der Satzung bestimmt oder von der Hauptversammlung der Aktionäre beschlossen wurden.[124])

---

[118]) Vgl. dazu Kapitel 5.1.5., 5.1.8. und 5.2.9. des Kommentars.
[119]) Vgl. dazu Kapitel 5.2.10. des Kommentars.
[120]) Vgl. dazu Kapitel 5.3.1. des Kommentars.
[121]) Vgl. dazu Kapitel 5.1.10.2., 5.3.1., 5.3.3. und 5.3.4.1. des Kommentars.
[122]) Vgl. dazu Kapitel 5.1.1. und 5.3.4.1. des Kommentars.
[123]) Vgl. dazu Kapitel 5.3.3. des Kommentars.
[124]) Vgl. dazu Kapitel 5.2.5. und 5.3.4.2. des Kommentars.

129. Генеральный директор организует ведение протоколов заседаний Правления. Книга протоколов должна быть в любое время предоставлена акционерам.

XIX. РЕВИЗИОННАЯ КОМИССИЯ

130. Общее собрание в соответствии с уставом избирает из числа акционеров ревизионную комиссию для контроля за финансово-хозяйственной деятельностью общества. Члены ревизионной комиссии не могут быть исполнительными директорами.

131. Проверки осуществляются ревизионной комиссией по поручению общего собрания, по собственной инициативе или по требованию акционеров, владеющих в совокупности свыше 10 процентами акций.

132. Члены ревизионной комиссии вправе требовать от должностных лиц общества предоставления всех необходимых документов и личных объяснений.

133. Ревизионная комиссия представляет результаты проверок общему собранию акционеров.

134. При отсутствии аудиторов ревизионная комиссия составляет заключение по годовым отчетам и балансам, без которого собрание акционеров не может его утвердить.

135. Члены ревизионной комиссии обязаны потребовать созыва чрезвычайного собрания акционеров, если возникла серьезная угроза интересам общества.

129. Der Generaldirektor sorgt für die Protokollführung in den Sitzungen des Vorstandes. Das Protokollbuch muß zu jeder Zeit den Aktionären vorgelegt werden können.[125])

XIX. Revisionskommission

130. Die Hauptversammlung wählt in Übereinstimmung mit der Satzung aus der Mitte der Aktionäre eine Revisionskommission zur Kontrolle der finanziellen und wirtschaftlichen Tätigkeit der Gesellschaft. Mitglieder der Revisionskommission dürfen nicht Exekutivdirektoren sein.[126])

131. Prüfungen der Revisionskommission erfolgen im Auftrag der Hauptversammlung, auf eigene Initiative oder auf Verlangen der Aktionäre mit mehr als 10 Prozent aller Aktien.[127])

132. Die Mitglieder der Revisionskommission sind berechtigt, von der Geschäftsleitung der Gesellschaft die Vorlage aller erforderlichen Dokumente und persönliche Erklärungen zu verlangen.[128])

133. Die Revisionskommission legt die Ergebnisse der Prüfungen der Hauptversammlung der Aktionäre vor.[129])

134. Bei Abwesenheit von Abschlußprüfern erstellt die Revisionskommission das Gutachten über den Jahresbericht und die Bilanz, ohne welches diese von der Versammlung der Aktionäre nicht bestätigt werden können.[130])

135. Die Mitglieder der Revisionskommission sind verpflichtet, die Einberufung einer außerordentlichen Versammlung der Aktionäre zu verlangen, wenn eine ernsthafte Bedrohung der Interessen der Gesellschaft entstanden ist.[131])

---

[125]) Vgl. dazu Kapitel 5.3.3. des Kommentars.
[126]) Vgl. dazu Kapitel 5.4.1. und 5.4.2. des Kommentars.
[127]) Vgl. dazu Kapitel 5.4.2. des Kommentars.
[128]) Vgl. dazu Kapitel 5.4.2. und 6.5. des Kommentars.
[129]) Vgl. dazu Kapitel 5.4.2. des Kommentars.
[130]) Vgl. dazu Kapitel 5.4.2. und 6.3. des Kommentars.
[131]) Vgl. dazu Kapitel 5.1.11.2. und 6.3. des Kommentars.

XX. ПРЕКРАЩЕНИЕ И РЕОРГАНИЗАЦИЯ ОБЩЕСТВА

136. Общество прекращается (ликвидируется):

по решению общего собрания акционеров;

по истечении срока, на который оно было создано;

по решению суда, в случае неплатежеспособности или нарушения обществом действующего законодательства.

137. Добровольная ликвидация общества производится назначенной им ликвидационной комиссией, принудительная — комиссией, назначенной судом.

138. С момента назначения ликвидационной комиссии к ней переходят полномочия по управлению делами общества. Ликвидационная комиссия оценивает активы, выявляет кредиторов и рассчитывается с ними, а также с акционерами, составляет ликвидационный баланс и представляет его собранию акционеров и Министерству финансов РСФСР.

139. Имеющиеся у общества средства, в том числе от распродажи имущества, после расчетов по оплате труда, выполнения обязательств перед кредиторами и бюджетом распределяются между акционерами.

140. Ликвидация считается завершенной, а общество — прекратившим существование с момента внесения соответствующей записи в государственный реестр.

141. Споры обществ с юридическими и физическими лицами, в том числе иностранными, рассматриваются в соответствии с действующим законодательством государственным арбитражем, судом или другими органами.

XX. Beendigung und Reorganisation der Gesellschaft

136. Eine Gesellschaft wird beendet (liquidiert):
- auf Beschluß der Hauptversammlung der Aktionäre; oder
- nach dem Ablauf der Zeit, für die sie gegründet wurde; oder
- auf Beschluß eines Gerichtes im Fall der Zahlungsunfähigkeit oder einer Verletzung der geltenden Gesetzgebung durch die Gesellschaft.[132])

137. Die freiwillige Liquidation der Gesellschaft wird durch eine von ihr bestimmte Liquidationskommission durchgeführt. Die zwingende Liquidation erfolgt durch eine vom Gericht bestellte Kommission.[133])

138. Ab dem Zeitpunkt der Bestellung der Liquidationskommission gehen alle Vollmachten zur Leitung der Geschäfte der Gesellschaft auf diese über. Die Liquidationskommission bewertet das Vermögen, ermittelt die Gläubiger, befriedigt diese und die Aktionäre, erstellt die Liquidationsbilanz und legt diese der Versammlung der Aktionäre und dem Ministerium für Finanzen Rußlands vor.[134])

139. Die in der Gesellschaft befindlichen Mittel einschließlich solcher aus dem Verkaufserlös des Vermögens werden nach der Abrechnung mit den Arbeitnehmern, der Begleichung der Verbindlichkeiten gegenüber den Gläubigern und der Finanzbehörde unter den Aktionären verteilt.[135])

140. Die Liquidation gilt als beendet, und die Gesellschaft hört auf zu existieren ab dem Zeitpunkt der entsprechenden Eintragung in das staatliche Register.[136])

141. Streitigkeiten mit juristischen und physischen, einschließlich der ausländischen, Personen werden in Übereinstimmung mit der geltenden Gesetzgebung vor staatlichen Schiedsgerichten, Gerichten oder anderen Organen geschlichtet.[137])

---

[132]) Vgl. dazu Kapitel 11.1. des Kommentars.
[133]) Vgl. dazu Kapitel 11.2. des Kommentars.
[134]) Vgl. dazu Kapitel 11.2. des Kommentars.
[135]) Vgl. dazu Kapitel 11.2. und 3.2. des Kommentars.
[136]) Vgl. dazu Kapitel 11.2. des Kommentars.
[137]) Vgl. dazu Kapitel 12. des Kommentars.

142. Реорганизация общества происходит путем слияния, разделения, выделения, поглощения и преобразования.

Решение о реорганизации принимается общим собранием или судом в случаях, предусмотренных действующим законодательством.

143. При реорганизации общества вносятся необходимые изменения в устав и государственный реестр, а при ликвидации — соответствующая запись в реестр.

144. Реорганизация общества влечет за собой переход прав и обязанностей, принадлежавших обществу, к его правопреемникам.

145. Слияние осуществляется путем объединения контрольных пакетов акций с последующей конверсией акций либо путем изъятия акций одного общества с эквивалентной заменой акциями другого общества и консолидацией балансов.

146. Разделение осуществляется путем создания на основе одного общества новых самостоятельных обществ с разделением балансов и капитала, выпуском новых акций. Допускается выделение из существующего общества подразделений и образование нового общества со своим балансом и капиталом. Первое общество продолжает существование с соответствующими изменениями в активах и пассивах.

142. Eine Reorganisation der Gesellschaft erfolgt durch Verschmelzung, Teilung, Ausgliederung, Übernahme und Umwandlung.
Der Beschluß über eine Reorganisation wird von der Hauptversammlung oder, in den von der geltenden Gesetzgebung dafür vorgesehenen Fällen, vom Gericht gefaßt.[138])

143. Bei einer Reorganisation der Gesellschaft werden die erforderlichen Änderungen in die Satzung und in das staatliche Register aufgenommen, während bei einer Liquidation eine entsprechende Eintragung in das Register erfolgt.[139])

144. Eine Reorganisation der Gesellschaft hat eine Übertragung von Rechten und Pflichten der Gesellschaft auf die Rechtsnachfolger zur Folge.[140])

145. Eine Verschmelzung erfolgt durch die Vereinigung der Kontrollpakete an den Aktien mit ihrer anschließenden Umwandlung durch Einziehung der Aktien einer Gesellschaft und dem äquivalenten Ersatz durch Aktien der anderen Gesellschaft und einer Konsolidierung der Bilanzen.[141])

146. Eine Teilung erfolgt durch die Gründung, auf der Basis einer Gesellschaft, von neuen selbständigen Gesellschaften bei gleichzeitiger Trennung der Bilanzen und des Kapitals, und der Ausgabe neuer Aktien. Zulässig sind die Ausgliederung von Abteilungen aus einer bestehenden Gesellschaft und die Gründung einer neuen Gesellschaft mit einer eigenen Bilanz und eigenem Kapital. Die erste Gesellschaft besteht weiter mit entsprechenden Änderungen in den Aktiva und Passiva.[142])

---

[138]) Vgl. dazu Kapitel 10. des Kommentars.
[139]) Vgl. dazu Kapitel 10. des Kommentars.
[140]) Vgl. dazu Kapitel 10. des Kommentars.
[141]) Vgl. dazu Kapitel 10. des Kommentars.
[142]) Vgl. dazu Kapitel 10. des Kommentars.

147. Приобретение одним юридическим или физическим лицом на рынке свыше 15 процентов акций общества требует согласия Министерства финансов РСФСР. Данное положение не распространяется на учредителей общества.

Приобретение одним юридическим или физическим лицом более 50 процентов акций общества требует согласия Министерства финансов РСФСР и Государственного комитета РСФСР по антимонопольной политике и поддержке новых экономических структур.

148. Поглощение осуществляется путем покупки 100 процентов акций общества. При этом общество может утрачивать самостоятельность, его баланс консолидируется с балансом общества-покупателя и изменяется схема управления либо приобретенное общество может сохранять права юридического лица.

XXI. ДОЧЕРНИЕ ОБЩЕСТВА, ФИЛИАЛЫ И ПРЕДСТАВИТЕЛЬСТВА

149. Общества могут иметь дочерние общества, представительства, филиалы на территории СССР и за границей.

150. Дочерним обществом является общество, в котором приобретено 50 процентов акций плюс одна.

151. Дочернее акционерное общество действует как самостоятельная коммерческая организация, и его отношения с главным акционером строятся на основе Положения, если иное не определено уставом.

152. Создание филиалов и представительств на территории СССР и за его границей осуществляется в порядке, предусмотренном действующим законодательством.

147. Der Erwerb von über 15 Prozent der Aktien einer Gesellschaft auf dem Markt durch eine juristische oder physische Person erfordert die Zustimmung des Ministeriums für Finanzen Rußlands. Diese Bestimmung findet auf Gründer einer Gesellschaft keine Anwendung.
Der Erwerb von mehr als 50 Prozent der Aktien einer Gesellschaft auf dem Markt durch eine juristische oder physische Personen bedarf der Zustimmung des Ministeriums für Finanzen Rußlands sowie des Staatskomitees Rußlands für antimonopolistische Politik und Förderung neuer wirtschaftlicher Strukturen.[143]

148. Eine Übernahme erfolgt durch den Erwerb von 100 Prozent der Aktien einer Gesellschaft. Dabei kann die Gesellschaft ihre Selbständigkeit verlieren, ihre Bilanz verschmilzt mit der Bilanz der erwerbenden Gesellschaft, die Struktur der Geschäftsleitung verändert sich, oder die erworbene Gesellschaft bewahrt die Rechte einer juristischen Person.[144]

XXI. Tochtergesellschaften, Filialen und Vertretungen

149. Gesellschaften können Tochtergesellschaften, Vertretungen und Filialen auf dem Gebiet der UdSSR und im Ausland haben.[145]

150. Eine Tochtergesellschaft ist eine Gesellschaft, an der 50 Prozent der Aktien und eine zusätzliche Aktie erworben wurden.[146]

151. Eine Tochter-Aktiengesellschaft agiert wie eine selbständige kommerzielle Organisation. Ihre Beziehungen zum Hauptaktionär stehen auf der Grundlage dieser Verordnung, wenn nicht anders in der Satzung festgelegt wurde.[147]

152. Die Gründung von Filialen und Vertretungen auf dem Gebiet der UdSSR und im Ausland erfolgt nach den in der geltenden Gesetzgebung vorgesehenen Vorschriften.[148]

---

[143] Vgl. dazu Kapitel 10. des Kommentars.
[144] Vgl. dazu Kapitel 10. des Kommentars.
[145] Vgl. dazu Kapitel 4.16. des Kommentars.
[146] Vgl. dazu Kapitel 4.16. des Kommentars.
[147] Vgl. dazu Kapitel 4.16. des Kommentars.
[148] Vgl. dazu Kapitel 4.16. des Kommentars.

153. Филиалы и представительства имеют собственные балансы, которые входят в баланс общества.

154. Филиалы и представительства отвечают по обязательствам общества, а общество — по их обязательствам.

XXII. АУДИТ

155. Общество может заключить договор со специализированной организацией для проведения проверки и подтверждения годовой финансовой отчетности (внешний аудит). Аудитор ставит свою подпись на годовом отчете в подтверждение его соответствия имеющейся информации о реальном положении дел.

156. Внутренний аудит общества осуществляется ревизионной комиссией.

153. Filialen und Vertretungen haben eigene Bilanzen, die in die Gesamtbilanz der Gesellschaft eingehen.[149])

154. Filialen und Vertretungen haften für die Verbindlichkeiten der Gesellschaft und die Gesellschaft für deren Verbindlichkeiten.[150])

XXII. Abschlußprüfung

155. Eine Gesellschaft kann eine spezialisierte Organisation mit der Durchführung der Prüfungen und Erteilung der Bestätigungen für den jährlichen finanziellen Abschluß beauftragen (externe Abschlußprüfung). Der Abschlußprüfer setzt seine Unterschrift unter den jährlichen Bericht als Bestätigung für dessen Übereinstimmung mit der vorhandenen Information über den tatsächlichen Stand der Tätigkeit.[151])

156. Eine interne Abschlußprüfung der Gesellschaft erfolgt durch die Revisionskommission.[152])

---

[149]) Vgl. dazu Kapitel 4.16. des Kommentars.
[150]) Vgl. dazu Kapitel 4.16. des Kommentars.
[151]) Vgl. dazu Kapitel 6.3., 6.4. und 6.5. des Kommentars.
[152]) Vgl. dazu Kapitel 6.4. des Kommentars.

Die Russische Aktiengesellschaft

Die Russische Aktiengesellschaft

1. Einleitung

Als die Russische Föderation (RF) Ende 1989 ihren Austritt aus der Sowjetunion erklärte, gingen die politischen Bestrebungen dahin, möglichst rasch eine eigenständige Entwicklung der RF herbeizuführen. So sollte so bald wie möglich eine eigene Rechtsordnung entstehen. Die Unionsgesetze galten und gelten weiterhin subsidiär. Die Aktiengesellschaft war zuvor in einer Unionsverordnung geregelt. Diese "Verordnung über Aktiengesellschaften und Gesellschaften mit beschränkter Haftung"[1]) schuf eine Aktiengesellschaft, die im wesentlichen der Aktiengesellschaft nach deutschem bzw. österreichischem Recht entsprach. Im Zuge der Umgestaltungen der russischen Rechtsordnung wurde die Verordnung über Aktiengesellschaften Nummer 578 am 10.12.1990 vom Ministerrat Rußlands erlassen. Am 25.12.1990 wurde die Verordnung über Aktiengesellschaften Nummer 601 ebenfalls vom Ministerrat der RF erlassen. Die beiden Verordnungen entsprechen einander im wesentlichen. Es ist anzunehmen, daß man - statt mit der bei uns üblichen Novellierungstechnik vorzugehen - die ganze Verordnung nochmals mit eingearbeiteten Änderungen beschlossen hat.

So schuf der russische Verordnungsgeber in sehr kurzer Zeit eine Aktiengesellschaft neuen Typs. Der Einfluß des angloamerikanischen Rechtssystems ist zum Teil erkennbar. Da dem Verordnungsgeber wenig Zeit zu Verfügung stand und er sich nicht auf eine marktwirtschaftliche Tradition stützen konnte, läßt die vorliegende Verordnung einige wichtige Fragen offen. Diese werden teilweise durch die Handhabung in der Praxis gelöst. In der folgenden Darstellung wird - soweit möglich - auf die uns bekannten Lösungen der Praxis eingegangen. Diesbezüglich ist das Nennen von Fundstellen bzw. Quellen aus naheliegenden Gründen nicht möglich. Leider ist unser Einblick in die russische Praxis nur beschränkt. Überdies ist kaum voraussehbar, wie die Behörden und Gerichte in Zukunft entscheiden werden.

---

[1]) Verordnung vom 19. 6. 1990 Nr. 590 Zakon, Sept. 1992, 7ff.

Früher nach sowjetischem Recht gegründete Aktiengesellschaften bestehen weiter. Die KAMAZ-Werke, die zu den größten Motorenwerken der Welt zählen, sind beispielsweise nach sowjetischem Recht als Aktiengesellschaft gegründet worden und wurden bisher nicht umgewandelt. Für diese Gesellschaften gilt wohl die Unionsverordnung Nr. 590 weiterhin.

2. Rechtsquellen

2.1. Die Verordnung über Aktiengesellschaften (AktVO)

Diese Verordnung wurde am 25.12.1990 vom Ministerrat Rußlands bestätigt[2]). Sie wird Gegenstand der folgenden Kommentierung sein.

2.2. Das Gesetz über Unternehmen und Unternehmerische Tätigkeiten (UnternG)

Das Gesetz wurde am 25.12.1990 vom Obersten Sowjet der RSFSR[3]) beschlossen[4]). Es regelt die allgemeinen rechtlichen, ökonomischen und sozialen Grundlagen der Gründung von Unternehmen[5]) und Gesellschaften[6]), die Rechtsformen der Unternehmen[7]) auf dem Gebiet der RF und ihrer Tätigkeiten[8]); es reglementiert Rechte und Pflichten[9]) der "Wirtschaftssubjekte".

Das Gesetz enthält Gesellschaftsrecht sowie den Unternehmen zustehende Schutzrechte vor staatlichen Eingriffen[10]). Es ist auch auf Aktiengesellschaften anzuwenden[11]). Das Gesetz enthält aber keine allgemeinen vertragsrechtlichen Regelungen.

---

[2]) Verordnung vom 25. 12. 1990 Nr. 601 Zakon, Feb. 1992. 32ff.
[3]) Ehemalige Bezeichnung Rußlands.
[4]) Norma 1991 Nr. 1.
[5]) Zur Definition vgl. §§ 2 - 5 UnternG.
[6]) Vgl. vor § 1 UnternG.
[7]) Zu den Rechtsformen vgl. §§ 6 - 15 UnternG.
[8]) Vgl. §§ 21 - 29 UnternG.
[9]) Vgl. §§ 16 - 19 UnternG.
[10]) § 20 UnternG.
[11]) §§ 11 und 12 UnternG.

2.3. Das Gesetz der RF über die Ausländischen Investitionen in der RF (AuslInvG)

Dieses Gesetz wurde am 4. Juli 1991 vom Obersten Sowjet der RF beschlossen[12]). Es regelt die rechtlichen und ökonomischen Grundlagen der ausländischen Investitionen in der RF. Dieses Gesetz ist anzuwenden auf ausländische natürliche und juristische Personen, auf Staatenlose, auf russische Staatsbürger, die ihren dauernden Wohnsitz im Ausland haben, auf ausländische Staaten und auf internationale Organisationen (§ 1 AuslInvG). Es gelten keine Mindestbeteiligungserfordernisse für die Anwendbarkeit des Gesetzes. Es ist daher davon auszugehen, daß eine Aktiengesellschaft vom Schutz dieses Gesetzes erfaßt ist, sobald auch nur ein Ausländer im Sinne des Gesetzes beteiligt ist.

2.4. Die Verordnung der RF über die Registrierung von Unternehmen mit Ausländischen Investitionen (AuslInvVO)

Diese Verordnung wurde am 28. 11. 1991 von der Regierung Rußlands[13]) erlassen und ermächtigt die einzelnen Gebietskörperschaften der RF (wie z.B. die Städte Moskau und Petersburg sowie die Mitgliedsrepubliken), Verordnungen hinsichtlich der Registrierung von juristischen Personen mit ausländischen Investitionen zu erlassen.

2.5. Die Verordnungen der Moskauer Stadtregierung (MRegVO)

In drei[14]) Verordnungen der Moskauer Stadtregierung finden sich Bestimmungen, welche die Registrierung von juristischen Personen (incl. Aktiengesellschaften) mit in- und ausländischer Beteiligung regeln. Der Geltungsbereich aller Verordnungen beschränkt sich auf Moskau. Für jede der Gebietskörperschaften Rußlands wurden im wesentlichen gleich-

---

[12]) Gesetz vom 4. 7. 1991 Nr. 29 Zakon, Aug. 1992, 4ff.
[13]) Verordnung vom 28. 11. 1991 Nr. 26 Zakon Feb. 1992, 73ff.
[14]) Verordnung der Moskauer Stadtregierung vom 6. 9. 1991 Nr. 214-RP (MRegVO Nr. 214).
Verordnung der Moskauer Stadtregierung vom 17. 9. 1991 Nr. 97 (MRegVO Nr. 97).
Erlaß der Moskauer Registrationskammer vom 26. 9. 1991 Nr. 1 (MRegVO Nr. 1).

lautende Verordnungen erlassen. Im Rahmen dieser Darstellung wird ausschließlich auf die Verordnungen der Moskauer Stadtregierung Bezug genommen, da sich der Sitz der meisten Gesellschaften mit ausländischer Beteiligung in der Hauptstadt Rußlands befindet.

2.6. Verhältnis der einzelnen Rechtsnormen zueinander

Die Russische Föderation besitzt noch keine neue Verfassung. Das derzeitige Verhältnis der einzelnen Rechtsnormen zueinander läßt sich daher nur nach der Handhabung der russischen Rechtspraxis darstellen. Nach der russischen Praxis verdrängen die Bestimmungen der Verordnung über Aktiengesellschaften Nr. 601 als lex specialis die entsprechenden Regelungen im Gesetz über Unternehmen und unternehmerische Tätigkeiten (UnternG) und im Gesetz über die ausländischen Investitionen in der RF (AuslInvG).

Für die Registrierung von Aktiengesellschaften mit ausländischer Beteiligung ist zunächst die Verordnung der RF über die Registrierung von Unternehmen mit ausländischen Investitionen (AuslInvG) anzuwenden, die jedoch ausschließlich Kompetenzregelungen enthält. Materiell sind hinsichtlich der Registrierung von Aktiengesellschaften in Moskau die Verordnungen der Moskauer Stadtregierung anzuwenden, die nur teilweise in Ausübung der ihr übertragenen Kompetenzen erlassen wurden. Diese Verordnungen enthalten nämlich nicht nur Bestimmungen betreffend Unternehmen mit ausländischen Investitionen, sondern regeln das Registrierungsverfahren für alle juristischen Personen.

3. Begriff der Aktiengesellschaft

3.1. Allgemeines

§ 1 AktVO definiert die Aktiengesellschaft als Organisation auf Basis einer freiwilligen Vereinbarung zwischen juristischen und physischen Personen (einschließlich ausländischer Personen), die ihre Mittel mit Hilfe der Ausgabe von Aktien vereinigt haben. Die Aktiengesellschaft hat die Befriedigung gesellschaftlicher Bedürfnisse und die Gewinnausschüttung zum Ziel.

3.2. Haftung der Gesellschaft und der Gesellschafter

Die Gesellschaft haftet für ihre Verbindlichkeiten mit ihrem gesamten Vermögen (§ 10 AktVO). Aktionäre haften für die Verbindlichkeiten der Gesellschaft nur in der Höhe der persönlichen Einlage auf das Kapital (§ 8 AktVO). Die russische Praxis geht nicht davon aus, daß Aktionäre unmittelbar von Gläubigern in Anspruch genommen werden können. Gläubiger können sich nur an die Gesellschaft wenden; diese treibt die rückständige Einlage ein.

Es besteht kein Anspruch auf Rückgewähr von Einlagen. Ausnahmen davon ergeben sich aus der AktVO und der Satzung selbst (§ 8 AktVO).

Die AktVO sieht in § 39 AktVO die Reduktion des Grundkapitals durch Reduktion des Nominalwertes oder durch teilweise Annullierung von Aktien vor; die Rückgewähr von Einlagen aus diesem Anlaß ist aber nicht geregelt, ebensowenig die Fragen des Schutzes von Inhabern bereits bestehender Forderungen. § 139 AktVO regelt die Verteilung des Vermögens an die Aktionäre bei Liquidation.

Die Satzung kann eine Pflicht der Gesellschaft zur Rückgewähr von Einlagen begründen; auch hier ist unklar, ob die Rückgewähr von Einlagen Auswirkungen auf die Haftung der Gesellschafter Dritten gegenüber hat.

Die Gesellschaft haftet nicht für die Verbindlichkeiten der Aktionäre (§ 9 AktVO).

4. Gründung der Gesellschaft

4.1. Gründer

Gründer der Gesellschaft können - auch ausländische - physische und juristische Personen sein (§ 1 AuslInvG iVm. § 11 AktVO)[15]. Auch Einmanngründungen sind zulässig (§ 13 AktVO).

Für die Umwandlung eines Staatsbetriebes in eine Aktiengesellschaft ist der Beschluß eines dafür bevollmächtigten staatlichen Organes notwendig[16] (§ 12 AktVO).

---

[15]) Vgl. auch § 2 Z 1, § 11 Z 1 und § 12 Z 1 UnternG.
[16]) Gesetz über die Privatisierung staatlicher und munizipaler Unternehmen vom 3. 7. 1991 Zakon, Jan. 1992, 10ff.

4.2. Gründerversammlung

Die Gründerversammlung ist nur beschlußfähig, wenn alle Gründer anwesend oder vertreten sind. Diese Versammlung wird vermutlich zunächst ihren Vorsitzenden wählen und dann über die Gründung der Gesellschaft, die Feststellung der Satzung und die Wahl der Geschäftsleitungsorgane beschließen. Bei Sacheinlagen fällt die Gründerversammlung wohl auch den Beschluß über deren Bewertung (§ 37 AktVO)[17]. Der Beschluß über die Gründung der Gesellschaft bedarf der Einstimmigkeit (§ 22 AktVO). Im Gegensatz dazu genügt für die Feststellung der Satzung und die Wahl der "Geschäftsleitungsorgane[18])" Dreiviertelmehrheit der Stimmen (§ 24 AktVO). Der Vorsitzende der Gründerversammlung wird mit einfacher Stimmenmehrheit gewählt (§ 23 AktVO).

Die AktVO regelt nicht ausdrücklich, durch welchen Rechtsakt ein Gründer die Verpflichtung zur Bezahlung von Aktien übernimmt (Zeichnung der Aktien). Sie setzt dies aber im § 20 AktVO voraus; denn dort wird angeordnet, daß die Satzung die "Folgen bei Nichterfüllung der Verpflichtung zur Abnahme von Aktien" zu regeln hat. Nach § 40 AktVO bleiben die "nicht untergebrachten Aktien ... in der Verfügung des Direktorenrates", was ebenfalls den Begriff der Zeichnung ("Unterbringung von Aktien") voraussetzt.

4.3. Satzung

Die Gründer erstellen die Satzung in Übereinstimmung mit der geltenden Gesetzgebung und der Verordnung (§ 19 AktVO). Die Satzung wird von der Gründerversammlung der Aktiengesellschaft festgestellt (§ 21 AktVO). Im Falle einer Einmanngründung entfällt das Protokoll der Gründerversammlung (§ 13 AktVO).
Die Satzung muß folgende Angaben enthalten (§ 20 AktVO):
- den Typ der Gesellschaft (offen oder geschlossen)
- den Betriebsgegenstand und die Ziele ihrer Tätigkeit
- die Zusammensetzung der Gründer[19])

---

[17]) Vgl. dazu 4.9.
[18]) gemeint sind wohl die Mitglieder des Direktorenrates (§ 98 AktVO) und der Generaldirektor (vgl. § 124 AktVO).
[19]) Zu den Angaben hinsichtlich der Gründer vgl. auch § 3.2 MRegVO Nr. 97.

- die Firma und den Sitz
- die Höhe des Grundkapitals
- die Kategorien der auszugebenden Aktien, ihren Nominalwert, das Verhältnis zwischen unterschiedlichen Aktientypen
- die Folgen der Nichterfüllung der Verpflichtung zur Abnahme von Aktien[20])
- Vorschriften über Gewinnverteilung[21]) und Schadenersatz[22])
- Struktur und Kompetenzen der Geschäftsleitungsorgane der Gesellschaft, Vorschriften über deren Beschlußfassung, sowie jene Beschlußgegenstände, die einer qualifizierten Stimmenmehrheit bedürfen[23]).

4.4. Registrierung

Hinsichtlich der Registrierung wurden die Bestimmungen in der AktVO durch die AuslInvVO bzw. für Aktiengesellschaften mit Sitz in Moskau durch die Verordnungen der Moskauer Stadtregierung teilweise verdrängt. Für die Fragen (z.B. Entscheidungsfristen für Behörden), die zwar in der Verordnung Nr. 601, nicht aber in der AuslInvVO bzw. in den Verordnungen der Moskauer Stadtregierung geregelt wurden, ist wohl mangels abweichender Regelung die Verordnung Nr. 601 weiterhin anzuwenden.

Die Registrierung der Gesellschaft erfolgt in Moskau nunmehr durch die Moskauer Registrierungskammer bzw. deren Filialen (MRegVO Nr. 1)[24]). Unternehmen mit ausländischen Investitionen von über 100 Mio Rubel werden direkt beim Ministerium für Finanzen der RF registriert (AuslInvVO). Für andere Unternehmen mit ausländischen Investitionen gelten offensichtlich die allgemeinen Registrierungsvorschriften. Binnen dreißig Tagen nach der Durchführung der Gründerversammlung (vgl

---

[20]) Vgl. dazu unten 4.11.
[21]) Vgl. dazu 6.2.
[22]) Vgl. dazu 5.2.12., 5.3.5., 5.4.2. und 6.5.
[23]) Vgl. dazu unten 5.
[24]) Die Filialen der Moskauer Registrierungskammer sind zuständig für Aktiengesellschaften, an denen nur physische Personen beteiligt sind sowie für Aktiengesellschaften, an denen physische und juristische Personen beteiligt sind, wobei das Grundkapital der Gesellschaft 500.000.- Rubel nicht übersteigen und nur durch Geldeinlagen aufgebracht werden darf. In allen anderen Fällen werden Aktiengesellschaften direkt durch die Moskauer Registrierungskammer registriert.

§ 15 AktVO) sind nach der MRegVO Nr. 97 die folgenden Gründungsdokumente einzureichen[25]):

Das Schreiben der(des) Gründer(s) mit dem Ersuchen um Registrierung, das ausgefüllte Auskunftsformular[26]), die Satzung der Aktiengesellschaft, welche in der Gründerversammlung angenommen worden ist (zweifach), die Anmeldung zur Registrierung[27]) (zweifach), das Protokoll der Gründerversammlung und der notariell beglaubigte Nachweis der Registrierung juristischer Personen, die als Gründer der Gesellschaft auftreten (vgl § 2.4 MRegVO Nr. 97).

Für Aktiengesellschaften "mit Teilnahme ausländischer Partner" sind zusätzlich folgende Registrierungsdokumente in beglaubigter Übersetzung erforderlich: ein Staatsbürgerschaftsnachweis oder eine Bestätigung des Hauptwohnsitzes bei natürlichen ausländischen Personen, ein Handelsregisterauszug oder ein anderer gleichwertiger Nachweis des juristischen Status bei ausländischen juristischen Personen, bei allen ausländischen Personen: eine Bankauskunft über deren Zahlungsfähigkeit (vgl § 2.8 MRegVO Nr. 97).

Das Ministerium für Finanzen Rußlands publiziert das offizielle staatliche Register aller registrierten und liquidierten Gesellschaften (§ 29 AktVO iVm. 4. MRegVO Nr. 97). Bank-Aktiengesellschaften und andere Kreditinstitute werden bei der Zentralbank Rußlands registriert und vom Ministerium für Finanzen Rußlands in das staatliche Register für Aktiengesellschaften eingetragen (§ 30 AktVO iVm. 4. MRegVO Nr. 97). Gesellschaften, an welchen ausländische juristische und physische Personen mit über 100 Mio Rubel Investitionssumme beteiligt sind, werden beim Ministerium für Finanzen Rußlands registriert (vgl dazu soeben oben) und anschließend in das staatliche Register für Aktiengesellschaften eingetragen (§ 31 AktVO iVm. 4. MRegVO Nr. 97).

§ 4 MRegVO Nr. 97 regelt das Registrierungsverfahren und die Eintragung in das Register beim Finanzministerium ausführlich. Er enthält auch gebührenrechtliche Hinweise. § 28 AktVO ist daher für Aktiengesellschaften mit Sitz in Moskau nicht anzuwenden.

---

[25]) § 14 AktVO bzw § 25 AktVO werden hinsichtlich der Gründungsdokumente durch § 2.4 MRegVO Nr. 97 und durch § 2.8 MRegVO Nr. 97 verdrängt.
[26]) Das Formular ist in der Beilage zur MRegVO Nr. 97 enthalten.
[27]) Die Anmeldung zur Registrierung ist mangels ausdrücklicher Anordnung in § 2.4 MRegVO Nr. 97 entgegen § 17 AktVO nicht notariell zu beglaubigen. Der Inhalt der Anmeldung sowie der anderen Gründungsdokumente ergibt sich aus den §§ 3.1 bis 3.4 MRegVO Nr. 97. § 16 AktVO wurde in der Stadt Moskau diesbezüglich verdrängt.

Hinsichtlich des Registrierungsverfahrens sei nur auf die folgenden Punkte hingewiesen:
Die Registrierungsbehörde ist nicht berechtigt, von Gründern die Vorlage zusätzlicher Dokumente zu verlangen (§ 26 AktVO iVm. MRegVO Nr. 1). Die Registrierung muß binnen dreißig Tagen ab der Einreichung der Dokumente durchgeführt werden. Eine Ablehnung der Registrierung darf nur bei Verletzung der Vorschriften der AktVO und wohl auch einer Registrierungsvorschrift erfolgen. Die Ablehnung kann bei Gericht angefochten werden (§ 32 AktVO). Damit verankert die AktVO das rechtsstaatliche System (Normativsystem); die Registrierung darf daher nicht nach freiem Ermessen verweigert werden.

Der registrierten Gesellschaft wird eine Interimsurkunde über die Registrierung ausgestellt. Nach der Vorlage Bescheinigung der Einzahlung von 50 Prozent des Grundkapitals wird die Interimsurkunde durch eine offizielle Registrierungsurkunde ersetzt (§ 33 AktVO).

4.5. Entstehung

Eine Aktiengesellschaft entsteht im Zeitpunkt ihrer Registrierung als juristische Person (§ 4 AktVO). Vor der Registrierung sind die Gründer nicht berechtigt, im Namen der Gesellschaft wirtschaftlich tätig zu werden (§ 18 AktVO). Eine Regelung betreffend die Vorgesellschaft existiert nicht. Es ist daher unklar, was gilt, wenn Organe vor Entstehen der Gesellschaft in deren Namen handeln.

4.6. Firma

Die AktVO regelt den Firmenwortlaut der Aktiengesellschaft nur unvollständig (vgl. § 4 AktVO). Nur wenn die vorgeschlagene Firma der Gesellschaft sich bereits im Register befindet, muß die zuständige Registrierungsbehörde dies den Gründern binnen zehn Tagen nach Erhalt des Registrierungsantrags mitteilen (§ 18 AktVO iVm. MRegVO Nr. 1). Eine Aktiengesellschaft kann offenbar jede Firma führen.

4.7. Dauer

Eine Aktiengesellschaft gilt als auf unbestimmte Zeit gegründet, wenn in der Satzung nichts anderes bestimmt ist (§ 3 AktVO).

4.8. Gegenstand

§ 2 AktVO bestimmt, daß Gesellschaften jede Art der wirtschaftlichen Tätigkeit ausüben können mit Ausnahme jener, die vom Gesetzgeber Rußlands verboten wurde. Einer Genehmigung der Geschäftstätigkeit durch den Ministerrat Rußlands bedarf es allerdings in den Bereichen der Verteidigungsindustrie, der Förderung von seltenen Metallen und Mineralien, der Rohstoffwirtschaft, der Holzindustrie, sowie der Pelzerzeugung. Zum Schutz der Staatsinteressen und im Interesse der Allgemeinheit kann der Ministerrat auch andere Bereiche bestimmen, in denen die wirtschaftliche Tätigkeit der Gesellschaften beschränkt werden kann.

Gesellschaften genießen außerdem volle wirtschaftliche Selbständigkeit in allen Fragen der Geschäftsführung und der Verteilung des Reingewinns (§ 5 AktVO). Gemeint ist wohl die Selbständigkeit der Gesellschaft gegenüber dem Staat. In Abweichung vom bisherigen planwirtschaftlichen System ist die Geschäftsführung in ihren wirtschaftlichen Entscheidungen nicht gebunden. Ebenso ist der Gewinn nicht abzuführen sondern unterliegt der Verfügung durch die Gesellschaft (§§ 67 ff AktVO).

Der Tätigkeitsbereich der Gesellschaft ist durch die Satzung nicht beschränkt. Auch Rechtsgeschäfte außerhalb des in der Satzung festgelegten Betriebsgegenstandes sind gültig (§ 5 AktVO). In diesem Zusammenhang ist auf das Gesetz über Unternehmen und unternehmerische Tätigkeiten und das Gesetz der RF über die ausländischen Investitionen in der RF hinzuweisen.

§ 21 Z 2 des Gesetzes über Unternehmen und unternehmerische Tätigkeiten (UnternG) normiert:

"Ein Unternehmen kann jede Art der Tätigkeit ausüben *soweit* in der Satzung vorgesehen, wenn diese Tätigkeit nicht vom Gesetzgeber der RF und der ihr angehörenden Republiken verboten ist."[28])

---

[28]) Hervorhebung durch die Autoren.

§ 20 Abs 1 des Gesetzes der RF über die ausländischen Investitionen in der RF (AuslInvG) normiert:
"Ein Unternehmen mit ausländischen Investitionen kann jede Tätigkeit ausüben, die jenen Zielen entspricht, die in der Satzung des Unternehmens vorgesehen sind, mit Ausnahme jener Ziele, die vom Gesetzgeber der RF verboten werden."

Beide Bestimmungen können im Sinne einer Beschränkung der Rechtsfähigkeit von Gesellschaften im Sinne der ultra vires Lehre verstanden werden. Die AktVO ist aber nach russischer Sicht als lex specialis zum UnternG und zum AuslInvG diesen vorrangig. Das UnternG und das AuslInvG gelten daher nur außerhalb des Anwendungsbereiches der Aktienverordnung.

Für Aktiengesellschaften, die nach der AktVO gegründet wurden, gilt daher, daß Geschäfte dieser Gesellschaften auch gültig sind, wenn sie vom Betriebsgegenstand nicht gedeckt sind. Dies gilt auch, wenn Nichtrussen in die Gesellschaft investiert haben.

Um diesbezügliche Schwierigkeiten zu vermeiden, wird dennoch jedem Investor empfohlen, sicherheitshalber den satzungsmäßigen Unternehmensgegenstand möglichst weit zu fassen. Andererseits kann sich ein Investor jedoch nicht darauf verlassen, daß Geschäfte außerhalb des satzungsmäßigen Betriebsgegenstandes unwirksam sind.

4.9. Grundkapital

Das Grundkapital der geschlossenen Gesellschaft darf Rubel 10.000,-, jenes der offenen Gesellschaft Rubel 100.000,- nicht unterschreiten (§ 36 AktVO).

Ebenso wie im österreichischen Recht sind sowohl Bar- als auch Sachgründungen möglich. Die Geldeinlagen können sowohl in russischer als auch in einer Fremdwährung erfolgen. Die Sacheinlagen können in materiellen und immateriellen Vermögenswerten (Rechten) bestehen (§ 37 AktVO).

Die Bewertung der Einlagen erfolgt immer in Rubel Die Bewertung der Sacheinlagen ist Gegenstand eines gemeinsamen Beschlusses der Aktionäre. Die AktVO regelt die Mehrheitserfordernisse nicht. Es liegt nahe analog zur Satzungsfeststellung wenigstens Dreiviertelmehrheit zu verlangen. Geldeinlagen in Fremdwährungen werden vermutlich nach dem gleichen Verfahren bewertet. Dieser Beschluß legt gleichzeitig auch die Höhe der einzelnen Anteile am Grundkapital fest (§ 37 AktVO). Weder inhaltliche noch formelle Regelungen determinieren die Bewertung. Die AktVO kennt keinerlei Bestimmungen zum Schutz der Gläubiger oder der Aktionäre.

Nicht untergebrachte Aktien einer Gesellschaft bleiben in der Verfügung des Direktorenrates (§ 40 AktVO). Für das Entstehen der Gesellschaft ist offenbar nicht Voraussetzung, daß alle Aktien gezeichnet wurden. Die Gesellschaft kann schon mit eigenen Aktien gegründet werden. Da es für den Erwerb bzw. die Zeichnung eigener Aktien keinerlei Beschränkungen gibt, ist unklar, wie hoch der Anteil der Aktien sein muß, der vom (von den) Gründer(n) übernommen werden muß.

§ 38 AktVO normiert, daß nach der Registrierung der Gesellschaft mindestens 50 % des Grundkapitals eingezahlt werden müssen. Da die Bestimmung die Kapitalausstattung der Gesellschaft absichern will, ist anzunehmen, daß der Gesellschaft mindestens 50 % ihres satzungsmäßigen Kapitals binnen dreißig Tagen ab Registrierung zu Verfügung stehen sollen. Daher sollten nach der AktVO mindestens 50 % des Grundkapitals von den Gründern übernommen werden.

Vor kurzem wurde eine "Verordnung über Wertpapiere und Effektenbörsen"[29] erlassen, die vorschreibt, daß bei Gründung einer Gesellschaft alle Anteile übernommen werden müssen. Ausschließlich Staatsbetriebe, die in Aktiengesellschaften umgewandelt werden, können schon bei Gründung einen Teil ihrer eigenen Aktien zeichnen, die für die Ausgabe an Arbeitnehmer bestimmt sind. Ob die AktVO lex specialis ist, sodaß die betreffende Bestimmung nicht für Aktiengesellschaften gilt, ist fraglich; die Praxis scheint davon auszugehen. Sicherheitshalber sollten aber dennoch alle Aktien übernommen werden.

4.10. Kapitalaufbringung

Das Grundkapital muß innerhalb von dreißig Tagen ab der Registrierung mindestens zur Hälfte eingezahlt werden. Der restliche Teil muß bis zum Ablauf des ersten Jahres ab Aufnahme der Tätigkeit der Gesellschaft

---

[29] Verordnung der Regierung der RF über die Emission und den Umlauf von Wertpapieren und über Effektenbörsen vom 28. 12. 1991 Nr. 78 Zakon, Apr. 1992, 34ff.

eingezahlt werden (§ 38 AktVO). Dies gilt mangels abweichender Regelung anscheinend auch für die Einbringung von Sacheinlagen.

Die Gesellschaft ist verpflichtet, innerhalb von dreißig Tagen nach der Registrierung dem Ministerium für Finanzen Rußlands eine Bescheinigung über die Einzahlung der 50 % des Grundkapitals vorzulegen; widrigenfalls ist die Registrierung ungültig (§ 27 AktVO)[30].

Unklar ist, welche Sanktionen eintreten, wenn die Gesellschaft die restlichen 50 % nicht innerhalb eines Jahres aufbringt, wie § 38 AktVO es fordert. § 27 AktVO kann seinem Wortlaut nach nicht angewendet werden (arg.:"... innerhalb von dreißig Tagen ... 50 % des Grundkapitals ... Bescheinigung").

4.11. Verfahren bei Einzahlung der Einlagen

Falls notwendig, fordert der Direktorenrat - nach Maßgabe der Satzung (§ 20 AktVO) - die Aktionäre auf, die ausständige Einlage innerhalb von fünfzehn Tagen zu leisten (§ 41 AktVO). Bis zur vollständigen Einzahlung der Einlage ruht das Stimmrecht des betreffenden Aktionärs (§ 106 AktVO)[31]. Auf nicht rechtzeitig bezahlte Aktien sind Verzugszinsen zu leisten, die in Übereinstimmung mit der Satzung eingefordert werden (§ 42 AktVO). Das gesamte Grundkapital muß innerhalb eines Jahres nach Gründung eingezahlt werden (§ 38 AktVO). § 42 bestimmt weiters, daß die nicht rechtzeitig bezahlten Aktien in Übereinstimmung mit der Satzung eingezogen werden.

Die Satzung muß offenbar Details der Einforderung der ausständigen Beträge, der Einziehung der Aktien sowie sonstige Rechtsfolgen der Nichtleistung von Einlagen regeln (vgl auch § 20 AktVO). Unklar ist die Vorgangsweise, wenn die Satzung keine oder unvollständige Regelungen enthält. Da die Regelung in der Satzung durch den Gesetzgeber inhaltlich nicht beschränkt ist, sollte sich jeder Investor, der den Erwerb von Aktien beabsichtigt, informieren, ob die erworbenen Anteile voll eingezahlt sind bzw. ob ihn unter Umständen eine Ausfallshaftung für andere Anteile trifft. Die Ausgestaltung der Haftung ist der Satzung zu entnehmen.

---

[30]) Vgl. auch oben 4.4.
[31]) Vgl. dazu unten 5.1.6.1.

4.12. Aktien

Die Aktie wird definiert als "ein Wertpapier, das von Aktiengesellschaften ausgegeben wird und das Eigentumsrecht auf einem Anteil des Grundkapitals der Gesellschaft verbrieft" (§ 43 AktVO). Der Nominalwert einer Aktie beträgt mindestens Rubel 10,- (§ 44 AktVO).

Das Grundkapital der Gesellschaft muß zum Zeitpunkt der Gründung aus einer bestimmten, durch zehn teilbaren Anzahl gewöhnlicher Aktien mit dem gleichen Nominalwert bestehen (§ 35 AktVO).

Aus den Regelungen in § 35 AktVO (Satzungsbestimmung über die Aktienkategorien und ihre Nominalwerte), § 45 AktVO (Zulässigkeit der Ausgabe von verschiedenen Aktientypen) und § 47 AktVO (Zulässigkeit der Ausgabe von gewöhnlichen und Vorzugsaktien) ergibt sich, daß die AktVO sowohl unterschiedliche Aktientypen als auch unterschiedliche Nominalwerte zuläßt, die auch in der Satzung vorgesehen werden müssen. Dennoch läßt § 35 AktVO zum Zeitpunkt der Gründung nur die Ausgabe gewöhnlicher Aktien mit einheitlichem Nominalwert zu. Von den Möglichkeiten gemäß §§ 45 und 47 AktVO kann daher offenbar erst nach der Gründung Gebrauch gemacht werden.

Offen bleibt, ob die Satzung *nach* dem Zeitpunkt der Gründung innerhalb einer Aktienkategorie unterschiedliche Nominalwerte vorsehen kann. Der Grundsatz, daß jede gewöhnliche Aktie eine Stimme gewährt (§§ 48 und 103 AktVO) und daß die Dividende entsprechend der Anzahl der Aktien zu verteilen ist (§ 70 AktVO) scheint dagegen zu sprechen; nimmt man dies an, so setzt die in § 45 AktVO vorgesehene Ausgabe von Aktien mit verschiedenen Nennbeträgen verschiedene Aktientypen voraus.

Die Verordnung schreibt aber nicht ausdrücklich vor, daß innerhalb einer Aktienkategorie nur ein einheitlicher Nominalwert zulässig sei. Im Verordnungstext findet sich allerdings auch kein Hinweis über die Zulässigkeit einer solchen Trennung. Durch unterschiedliche Stückelung innerhalb einer Aktienkategorie wäre eine Trennung von Kapitaleinsatz und Stimmrecht eines Aktionärs möglich. Eine Aktie entspricht bei Abstimmungen in der Hauptversammlung einer Stimme (§ 103 und § 48 AktVO). Der Inhaber einer Aktie mit dem Nominale von 10 Rubel könnte genausoviel Einfluß ausüben wie der Aktionär, der eine Aktie mit dem Nominale von 10.000 Rubel besitzt. Jeder Aktienerwerber sollte daher vorsichtsweise prüfen, ob die Satzung unterschiedliche Nominalwerte innerhalb einer Aktiengattung zuläßt.

4.13. Namensaktien

Die russische Aktienverordnung kennt ausschließlich Namensaktien. Aktionäre werden in ein spezielles Register eingetragen, das bei der Gesellschaft geführt wird (§ 46 AktVO)[32]. Eine Gesellschaft kann gewöhnliche Aktien (mit Stimmrecht) und Vorzugsaktien (ohne Stimmrecht) ausgeben (§ 47 AktVO). Vorzugsaktien berechtigen zum Bezug von fixen Dividenden und haben bei der Gewinnverteilung und bei der Liquidation "Vorzug" (Vorrang) gegenüber gewöhnlichen Aktionären (§ 49 AktVO)[33].

4.14. Übertragung von Aktien

Rechtsgeschäfte über Kauf und Verkauf von Aktien bedürfen der Schriftform unter Verwendung vorgefertigter Formblätter. Neben den Unterschriften beider Parteien ist die Unterschrift des Vermittlers erforderlich. Wenn eine der Vertragsparteien Effektenhändler ist, bedarf es der Unterschrift eines Vermittlers nicht (§ 53 AktVO). Anzumerken ist, daß die Praxis bei offenen Gesellschaften auf die Unterschrift des Vermittlers auch dann verzichtet, wenn keiner der Vertragspartner Effektenhändler ist.

Die endgültige Abrechnung des Geschäfts, die Übertragung der Wertpapiere auf den Erwerber bzw. die Ausgabe neuer Zertifikate muß innerhalb von 10 Werktagen beglaubigt werden. Die Durchführung des Geschäftes ist nach Auffassung der russischen Praxis notariell zu beglaubigen. Der Erwerber einer Aktie wird aber erst mit Registrierung im Aktienbuch Eigentümer (§ 57 AktVO).

Diese Übertragungsregel behindert den Handel mit Aktien erheblich. Unklar ist, inwieweit die russische Praxis diese Vorschriften, insbesondere das Erfordernis notarieller Beglaubigung, tatsächlich beachtet und welche Sanktionen bei Mißachtung der Regelung eintreten. Jedem Erwerber von Aktien sei daher die genaue Beachtung der Formvorschriften empfohlen.

---

[32]) Zum zwingenden Inhalt des Registers vgl. § 50 AktVO.
[33]) Vgl. dazu 5.1.8.und 4.12.

Nicht geregelt ist, wie Anteile, die noch nicht (§ 55 AktVO) in Zertifikaten verbrieft sind, übertragen werden. § 53 und 57 AktVO gehen jeweils von der Übertragung der Zertifikate aus.
Aktien einer offenen Gesellschaft können ohne Zustimmung anderer Aktionäre übertragen werden. Aktien einer geschlossenen Gesellschaft können, wenn in der Satzung nicht anders bestimmt, nur mit der Zustimmung der Mehrheit der Aktionäre übertragen werden (§ 7 AktVO); anscheinend kommt es hier auf die Zahl der Köpfe und nicht auf die Zahl der Aktien an.

§ 11 UnternG beschreibt die Partnerschaft mit beschränkter Haftung und setzt diese Gesellschaftsform der Aktiengesellschaft des geschlossenen Typs gleich. Die beiden Gesellschaftsformen unterscheiden sich, soweit ersichtlich, nur dadurch, daß die geschlossene Aktiengesellschaft nach § 1 AktVO im Gegensatz zur Partnerschaft mit beschränkter Haftung Aktien ausgibt.

Anzumerken ist in diesem Zusammenhang, daß der russische Gesetzgeber die Abschaffung von Aktiengesellschaften des geschlossenen Typs plant. Eine diesbezügliche Regelung ist bisher noch nicht in Kraft getreten.

4.15. Aktienurkunde

Jeder Aktionär erhält eine Zertifikat über alle ihm gehörenden Aktien, wenn er diese zur Gänze bezahlt hat. Zusätzliche Zertifikate dürfen ausgegeben werden (§ 55 AktVO). In einer Aktienurkunde wird daher das Eigentumsrecht an mehreren Aktien verbrieft (vgl. auch § 54 AktVO). Ein verlorenes Zertifikat wird kostenpflichtig ersetzt (§ 58 AktVO).
Ein Aktionär kann für ein und denselben Anteil mehrere Zertifikate erhalten (§ 55 Satz 2 AktVO) und hätte daher die Möglichkeit, seinen Anteil mehrfach zu veräußern, indem er jedes der Zertifikate veräußert. Der Erwerber wird aber erst mit Registrierung im Aktienbuch Eigentümer der Aktie. Er sollte die Eintragung ins Aktienbuch daher so rasch wie möglich veranlassen, um einem anderen Erwerber einer Aktienurkunde, die denselben Anteil verbrieft, den er erworben hat, zuvorzukommen. Zweckmäßigerweise ist auch bis zu diesem Zeitpunkt die Bezahlung zurückzuhalten.

Die AktVO läßt offen, ob Aktienpapiere Transportfunktion haben, d.h. ob der Inhaber einer Aktie ohne weiteres oder nur gegen Nachweis seiner Berechtigung zu registrieren ist. Auch ist ungeklärt, welche Rechtsfolgen die Eintragung eines Nichtberechtigten nach sich zieht bzw. unter welchen Voraussetzungen Eintragungen korrigiert werden. Die Eintragung einer Person im Aktienbuch garantiert daher nicht zwingend, daß diese Person tatsächlich Eigentümerin "ihrer" Aktien sei und somit einem allfälligen Erwerber Aktionärsstellung verschaffen kann.

Der Inhalt der Aktienurkunde ergibt sich aus § 56 AktVO. Neben der Nummer, der Anzahl der Aktien, dem Nominalwert und der Firma des Emittenten ist der Status des Emittenten anzugeben. Anzugeben ist daher offenbar, ob es sich bei der betreffenden Gesellschaft um eine offene oder geschlossene Gesellschaft handelt. Weiters muß die Aktienurkunde den Typ der Aktien, die Firma (den Namen) des Inhabers, den Dividendensatz (bei Vorzugsaktien), und die Unterschrift von zwei verantwortlichen Personen der Gesellschaft enthalten. Es dürfte offenbar ausreichen, daß das Zertifikat von beliebigen vertretungsbefugten Personen unterschrieben ist. Das Zertifikat muß außerdem den Stempel der Gesellschaft und die Bedingungen der Übertragung wiedergeben. Schließlich muß das Zertifikat die Firma und den Sitz der Gesellschaft und des Registrators[34] der Wertpapiere sowie die Firma der Bank oder des Agenten (auf der Rückseite) enthalten[35]. Unklar sind die Rechtsfolgen bei Fehlen einzelner Angaben.

4.16. Filialen, Vertretungen und Tochtergesellschaften

Gesellschaften können Vertretungen und Filialen auch im Ausland haben und sich am Kapital anderer Gesellschaften beteiligen (§§ 6, 149 und 152 AktVO). Gemäß § 14 Z 1 des UnternG sind alle Unternehmen berechtigt, Vertretungen und Filialen mit dem Recht der Einrichtung von Verrechnungskonten[36] zu gründen. Beide agieren auf der Basis der

---

[34]) Gemäß § 51 kann die Führung des Aktienbuches an eine Bank bzw eine andere spezialisierte Organisation übertragen werden.

[35]) Anzunehmen ist, daß die Verordnung damit den Emissionsmittler meint.

[36]) Nach Unionsrecht waren nur juristische Personen berechtigt, Girokonten zu besitzen. Die Bestimmung erklärt sich daher mit der ausdrücklichen Abkehr von der alten Rechtslage. Inzwischen sind sowohl physische als auch juristische Personen berechtigt, Girokonten zu haben. Diese Bestimmung hat daher den Ausnahmecharakter verloren.

Statuten und Ordnungen, die vom Hauptunternehmen genehmigt werden (§ 14 Z 3 UnternG). Tochtergesellschaften sind eigene Gesellschaften, an denen eine Muttergesellschaft mit über 50 % beteiligt ist (§ 150 AktVO). Tochtergesellschaften besitzen daher eigene Rechtspersönlichkeit. Eine Tochteraktiengesellschaft agiert wie eine selbständige kommerzielle Organisation. Ihre Beziehungen zum Hauptaktionär werden durch die Aktienverordnung geregelt, wenn nichts anderes in der Satzung festgelegt ist (§ 151 AktVO). Für diesbezügliche Satzungsregelungen enthält die AktVO keine Schranken, sodaß offenbar in der Satzung der Tochtergesellschaft eine von der Aktienverordnung in jeder Hinsicht abweichende Regelung getroffen werden kann. Wie weit diese Ermächtigung in der russischen Rechtspraxis verstanden wird, ist nicht absehbar.

Nach Auffassung der russischen Praxis besitzen Filialen und Vertretungen keine Rechtspersönlichkeit. Unternehmensgegenstand und Ziele von Vertretungen und Filialen dürfen nicht weiter gefaßt sein als die des Hauptunternehmens. Außerdem führen Vertretungen und Filialen dieselbe Firma wie das Hauptunternehmen. Filialen und Vertretungen haben eigene Bilanzen, die in die Gesamtbilanz der Gesellschaft eingehen (§ 153 AktVO). Vertretungen und Filialen haften für ihre eigenen Verbindlichkeiten und für die Verbindlichkeiten der Gesellschaft und vice versa (§ 154 AktVO)[37]. Die AktVO unterscheidet nur begrifflich zwischen Vertretungen und Filialen, ohne daß sich daran unterschiedliche Rechtsfolgen knüpfen. Es ist daher uE davon auszugehen, daß sich die beiden Begriffe decken.

5. Organe der Gesellschaft

Struktur und Kompetenzen der Organe sind in der Verordnung nicht erschöpfend und teilweise widersprüchlich geregelt, wobei hinsichtlich der vorhandenen Kompetenzregelungen nicht immer eindeutig ist, ob sie zwingend oder dispositiv sind. Die Satzung einer neu zu gründenden Aktiengesellschaft muß die Struktur und die Kompetenzen der Organe der

---

[37] Da weder Filialen noch Vertretungen Rechtspersönlichkeit besitzen, kann mit diesem Hinweis wohl nur gemeint sein, daß Gläubiger auf das den Filialen und Vertretungen überlassene Vermögen greifen können. Es ist nicht anzunehmen, daß die Verordnung an dieser Stelle den Filialen und Vertretungen Rechtspersönlichkeit zuerkennen wollte.

Gesellschaft regeln (§ 20 AktVO). Da unklar ist, welche der Kompetenzverteilungsregelungen in der AktVO zwingend ist, sollte sich die Satzung weitgehend am Verordnungstext orientieren. Sieht die Satzung Abweichungen vor, besteht die Gefahr, daß diese von den Gerichten oder Verwaltungsbehörden auch dann nicht angewendet werden, wenn sie einer anscheinend abdingbaren Verordnungsbestimmung widersprechen.

Die AktVO sieht folgende Organe vor: Hauptversammlung, Direktorenrat, Vorstand, Revisionskommission und Abschlußprüfer.

5.1. Hauptversammlung

5.1.1. Struktur

Das höchste Organ der Leitung der Gesellschaft ist die Hauptversammlung der Aktionäre (§ 91 AktVO). Zu den ausschließlichen Kompetenzen der Hauptversammlung gehören:
- Änderung der Satzung und des Grundkapitals
- Wahl der Direktoren
- Genehmigung des jährlichen Ergebnisses der Tätigkeit
- Gründung und Liquidation von Tochtergesellschaften oder Filialen
- Reorganisation und Liquidation der Gesellschaft (§ 91 AktVO).

Die Satzung kann die ausschließlichen Kompetenzen der Hauptversammlung erweitern (arg: *zu den* ausschließlichen Kompetenzen *gehören*). Ungeregelt ist, ob durch die Satzung ausschließliche Kompetenzen der Hauptversammlung auch abbedungen werden können.

Eine ausdrückliche Regelung fehlt auch hinsichtlich eines allfälligen Weisungsrechtes der Hauptversammlung gegenüber den anderen Organen. Unserer Ansicht nach sprechen der hierarchische Aufbau der Organstruktur, an deren Spitze die Hauptversammlung als "das *höchste* Organ der Leitung der Gesellschaft" steht (§ 91 AktVO), und die §§ 108 und 126 AktVO für ein solches Weisungsrecht. Nach § 108 AktVO ist der Direktorenrat "zwischen" den Hauptversammlungen oberstes Organ der Leitung der Gesellschaft. § 126 AktVO normiert, daß "zwischen" den Hauptversammlungen und den Sitzungen des Direktorenrates der Vorstand die Geschäfte im Rahmen der ihm von der Satzung übertragenen Kompetenzen führt. Demnach ist die Geschäftsführung primär Aufgabe der Hauptversammlung, subsidiär des Direktorenrates und des Vorstandes. § 119

AktVO, wonach die Direktoren Beschlüsse fassen und ihre Arbeit nach eigenem Ermessen organisieren, ist uE so zu verstehen, daß der Direktorenrat grundsätzlich, ohne vorher die Hauptversammlung zu fragen, handeln darf. Eine von der Hauptversammlung getroffene Geschäftsführungsentscheidung muß daher jener von Direktorenrat und Vorstand vorgehen. Der Hauptversammlung steht daher uE ein Weisungsrecht in allen Fragen der Geschäftsführung zu.

5.1.2. Einberufung

Die Hauptversammlung muß spätestens dreißig Tage vor dem Tag ihrer Durchführung mittels eingeschriebenen Briefes einberufen werden. Das Einschreiben ist an die Aktionäre an die im Aktienbuch angegebene Adresse zu richten (§ 95 AktVO). Aktionäre sind verpflichtet, die Gesellschaft rechtzeitig über Änderungen ihres Sitzes (Wohnortes) in Kenntnis zu setzen (§ 52 AktVO). Die Gesellschaft haftet nicht, wenn sie von solchen Änderungen nicht informiert wurde. Die Gesellschaft trifft keine Nachforschungspflicht.

Es genügt, wenn Aktionäre zeitgerecht verständigt werden. Fraglich ist, ob die Gesellschaft die Mitteilung innerhalb der Frist absenden muß, oder ob diese bereits dreißig Tage vor der Hauptversammlung beim Aktionär einlangen muß. Der Wortlaut spricht eher für zeitgerechtes Absenden. Die Hauptversammlung kann außerdem gemäß § 95 AktVO beschließen, daß künftige Hauptversammlungen mittels Publikation in einer bestimmten Zeitung einberufen werden. Unklar ist, auf welche Weise ein Aktionär von dieser Art der Publikation Kenntnis erlangt, wenn er seine Aktie nach der Fällung eines derartigen Beschlusses durch die Hauptversammlung erworben hat. Ein entsprechender Hinweis in der Satzung ist vermutlich ebenfalls zulässig.

Das Gesetz sieht keinerlei Sanktion für eine nicht ordnungsgemäße Einberufung vor, insbesondere gibt es keine Regelung betreffend die Nichtigkeit oder Anfechtbarkeit von Hauptversammlungsbeschlüssen (vgl. dazu unten 5.1.12.).

Die Mitteilung über die Einberufung einer *außerordentlichen* Hauptversammlung hat gemäß § 96 AktVO die zur Erörterung vorgeschlagenen Fragen zu enthalten. Für jährliche Hauptversammlungen ist dies nicht vorgesehen. Die in der jährlichen Hauptversammlung zu behandelnden Inhalte normiert § 98 AktVO. Die AktVO geht anscheinend davon aus, daß daher jeder Aktionär den Inhalt dieser Hauptversammlung kennt und eine zusätzliche Mitteilung der Tagesordnung grundsätzlich überflüssig ist. Sollen allerdings in einer jährlichen Hauptversammlung auch andere Inhalte beschlossen werden, so müssen wohl diese besonderen Tagesordnungspunkte angekündigt werden.

Die AktVO verlangt nicht ausdrücklich, daß die Einberufung den Ort und die Zeit der Hauptversammlung angeben muß. Da die Einberufung aber die Teilnahme an der Hauptversammlung ermöglichen soll, sind diese Angaben in die Einberufung aufzunehmen. Die AktVO enthält auch keinerlei Regelung über den Ort, an welchem die Hauptversammlung abgehalten werden muß.

5.1.3. Vorsitz

Die Hauptversammlung wird vom Vorsitzenden des Direktorenrates oder dessen Stellvertreter geleitet. Sollte auch dieser abwesend sein, so führt ein Mitglied des Direktorenrates, das von den Mitgliedern des Direktorenrates gewählt wird, den Vorsitz. Sind alle Direktoren abwesend oder lehnen sie die Vorsitzführung ab, wählt die Hauptversammlung aus der Mitte der Aktionäre einen Vorsitzenden (§ 100 AktVO).

5.1.4. Beschlußfähigkeit

Eine Hauptversammlung ist nur beschlußfähig, wenn *und solange wie* mindestens die Hälfte aller Aktionäre (nach der Anzahl der Aktien) oder deren gesetzmäßiger Vertreter anwesend sind (§ 99 AktVO).

Gemäß § 101 AktVO wird, wenn binnen einer halben Stunde das Präsenzquorum nicht erreicht ist, eine von Aktionären einberufene Hauptversammlung aufgelöst. Eine von den Direktoren einberufene Hauptversammlung wird auf einen anderen, maximal dreißig Tage späteren Termin vertagt, welchen der Vorsitzende festlegt. Eine wiederholte Hauptversammlung ist unabhängig von der Zahl der versammelten Aktionäre beschlußfähig. Unklar ist, ob dies auch gilt, wenn Aktionäre die Hauptversammlung einberufen haben. Nicht geregelt ist auch, ob die neuerliche Hauptversammlung wiederum schriftlich einberufen werden muß. Wenn man dies bejaht, wofür manches zu sprechen scheint, ist jedoch die Einhaltung der 30-Tagefrist des § 95 AktVO nicht möglich.

Gemäß § 102 AktVO kann eine Hauptversammlung mit dem notwendigen Präsenzquorum beschließen, daß sie für eine Zeitspanne von maximal 30 Tagen unterbrochen wird. Auf der fortgesetzten Hauptversammlung können nur Fragen der ursprünglichen Tagesordnung behandelt werden. Bei dieser fortgesetzten Hauptversammlung muß das Präsenzquorum mangels gegenteiliger Regelung offenbar erreicht werden.

Fraglich ist, ob die fortgesetzte Hauptversammlung neuerlich einzuberufen ist. Die AktVO sieht eine solche Einberufung nicht vor. Wird das Quorum in der fortgesetzten Hauptversammlung nicht erreicht, so ist die Hauptversammlung nicht beschlußfähig. Das Verfahren nach § 101 AktVO kommt zur Anwendung. Die Gesellschaft ist daher gut beraten, wenn sie gleich im Anschluß an die Vertagung durch neuerliche schriftliche Einberufung sicherstellt, daß genügend Aktionäre anwesend sind.

5.1.5. Protokoll

Die Direktoren bestimmen einen Sekretär des Direktorenrates, welcher das Protokoll in den Hauptversammlungen und in den Sitzungen des Direktorenrates führt (§ 122 AktVO).

5.1.6. Teilnahmerecht und Stimmrecht

Die Einberufung ist gemäß § 97 AktVO nur an solche Aktionäre zu richten, welche die Einlagen auf ihre gewöhnlichen Aktien vollständig eingezahlt haben. § 106 AktVO bestimmt, daß ein Aktionär nur nach Einzahlung aller Leistungen auf die von ihm übernommenen Aktien an der Hauptversammlung teilnehmen kann[38].

---

[38] Vgl. dazu unten 5.1.6.1.

5.1.6.1. Ordentliche Aktien

Aus der Bestimmung des § 97 AktVO, wonach nur solche Aktionäre einzuladen sind, die ihre (gewöhnlichen) Aktien voll einbezahlt haben, muß wohl der Schluß gezogen werden, daß alle übrigen Aktionäre weder teilnahme- noch stimmberechtigt sind. Dies führt zu Problemen, wenn noch keiner der Aktionäre seine Einlage vollständig geleistet hat, weil dann weder das Präsenzquorum (§ 99 AktVO) erreicht werden kann noch ein Stimmrecht ausgeübt werden kann. Wurde eine Gesellschaft beispielsweise von zwei Personen gegründet, hat aber keiner von beiden seine Einlage vollständig geleistet, so würde es in dieser Gesellschaft keine beschlußfähige Hauptversammlung geben.

Sinnvollerweise sollte ein Stimm- und Teilnahmerecht jedenfalls für jede voll einbezahlte Aktie bestehen. In der Praxis nehmen fallweise Aktionäre an Hauptversammlungen auch dann teil, wenn sie auf ihre Aktien noch nicht die gesamte Einlage geleistet haben. Es kommt vor, daß die betreffenden Aktionäre dann sogar ihr Stimmrecht im Umfang aller übernommenen Aktien ausüben. Eine Klarstellung durch den Gesetzgeber wäre jedenfalls zu wünschen.

Ein Aktionär hat im Fall seiner Nichtteilnahme dem Direktorenrat oder seinem Vertreter eine Vollmacht für die Stimmabgabe auszustellen (§ 103 AktVO). Der Vertreter eines Aktionärs darf nur mit einer notariell beurkundeten Vollmacht an der Hauptversammlung und der Abstimmung teilnehmen (§ 107 AktVO). Die Nichtteilnahme an der Hauptversammlung wird aber nicht sanktioniert.

5.1.6.2. Stimmrechtslose Vorzugsaktien

Stimmrechtslose Vorzugsaktionäre gewähren kein Stimmrecht. Ein Aufleben des Stimmrechtes für den Fall, daß die Gesellschaft den "Vorzug" nicht bezahlt, kennt die Verordnung nicht. Die Satzung könnte dies aber vorsehen (§ 49 AktVO). Darüber hinaus bleibt offen, innerhalb welcher Grenzen die Satzung Höchst- bzw. Mehrstimmrechte normieren kann. Es ist unklar, wie die russischen Behörden Satzungsbestimmungen behandeln, die Höchst- oder Mehrstimmrechte anordnen. Dennoch muß jeder Investor damit rechnen, daß derartige Rechte in einer Satzung normiert sind. Auch diesbezüglich sollte er die Satzung daher genau überprüfen.

Ob Besitzer stimmrechtsloser Vorzugsaktien an der Hauptversammlung teilnehmen dürfen, ist unklar, da die AktVO weder ein Teilnahmerecht noch ein Teilnahmeverbot für stimmrechtslose Vorzugsaktionäre enthält. § 97 AktVO bestimmt, daß die Mitteilung einer Hauptversammlung nur an Inhaber gewöhnlicher Aktien zu richten ist. Dadurch wird die Teilnahme stimmrechtsloser Vorzugsaktionäre jedenfalls praktisch erschwert[39]).

5.1.6.3. Eigene Aktien

Für Aktien, die in der Verfügung des Direktorenrates stehen, normiert § 73 AktVO, daß sie nicht zum Bezug von Dividenden berechtigen. Das Stimmrecht wird nicht ausgeschlossen. Es ist daher uE davon auszugehen, daß eigene Aktien nach allgemeinen Regeln das Stimmrecht vermitteln. Dieses Stimmrecht wird vermutlich vom Direktorenrat ausgeübt, wenn die Aktien voll eingezahlt sind[40]) (§ 40 AktVO).

5.1.6.4. Organe der Gesellschaft

Ein Teilnahmerecht für die Mitglieder von Vorstand, Direktorenrat und Revisionskommission ergibt sich für einen Teil dieser Personen daraus, daß sie Aktionäre der Gesellschaft sind.

Für Direktoren könnte eine Teilnahmepflicht aus § 98 AktVO, wonach die jährliche Hauptversammlung den Bericht der *Direktoren* bestätigt, abgeleitet werden. § 100 AktVO[41]) indiziert allerdings, daß die AktVO die Nichtteilnahme von Mitgliedern des Direktorenrates zumindest toleriert. Die Satzung der Gesellschaft normiert in den meisten Fällen eine Teilnahmepflicht für alle Direktoren.

Die Abschlußprüfer erhalten eine Mitteilung über die Hauptversammlung (§ 97 AktVO). Es ist daher anzunehmen, daß sie jedenfalls an jährlichen Hauptversammlungen teilnehmen dürfen. Ein Teilnahmerecht

---

[39]) Vgl. dazu soeben oben 5.1.6.1.
[40]) Vgl. oben 5.1.6.1.
[41]) Den Vorsitz in der Hauptversammlung führt demnach der Vorsitzende des Direktorenrates oder dessen Stellvertreter. Ist kein Direktor anwesend, so wird der Vorsitzende aus der Mitte der Aktionäre von diesen selbst gewählt.

besteht offensichtlich auch für außerordentliche Hauptversammlungen und für jährliche Hauptversammlungen auch dann, wenn der Jahresabschluß der Gesellschaft durch die Revisionskommission geprüft wurde.

5.1.7. Fragerecht der Aktionäre und Informationspflicht der Organe

Die Gesellschaft publiziert und übersendet den Aktionären die Bilanz der Gesellschaft, die Gewinn- und Verlustrechnung und andere laufende Informationen quartalsmäßig (§ 90 AktVO).

Die AktVO regelt ein Fragerecht der Aktionäre und eine entsprechende Antwortpflicht der Organe der Gesellschaft in der Hauptversammlung nicht. Auch innerhalb der Hauptversammlung müßte aber ein Informationsrecht der Aktionäre bestehen. Der AktVO kann nicht unterstellt werden, daß sie einerseits die Gesellschaft verpflichtet, Aktionäre viermal im Jahr anzuschreiben und andererseits Wortmeldungen in der Hauptversammlung nicht zuläßt. Es ist anzunehmen, daß in der Hauptversammlung Debatten zu den einzelnen Tagesordnungspunkten stattfinden und jeder teilnahmeberechtigte Gesellschafter Fragen stellen bzw. Wortmeldungen abgeben darf.

Dies entspricht auch der Funktion der Hauptversammlung als höchstes Organ der Gesellschaft. Sie kann und soll unabhängig von den anderen Organen der Gesellschaft ihren Willen bilden und kundtun. Eine solche unabhängige Willensbildung ist nur möglich, wenn jeder Gesellschafter das Recht hat, Wortmeldungen abzugeben und der Vorsitzende verpflichtet ist, diese Wortmeldungen zuzulassen und Beschlußvorschläge zur Abstimmung zu bringen. Es ist anzunehmen, daß jeder Aktionär nicht nur berechtigt ist, Fragen zu stellen und diesbezüglich Antwort zu erhalten. Innerhalb der Tagesordnung müßte ein Aktionär auch Abstimmungen verlangen können.

Ein Recht der Aktionäre, Tagesordnungspunkte vorzuschlagen, könnte aus § 94 AktVO abgeleitet werden. 10 % der Aktien sind demnach zur Einberufung einer außerordentlichen Hauptversammlung ermächtigt. Das Recht zur Einberufung umfaßt vermutlich auch ein Recht, die Tagesordnung zu bestimmen.

Inhalt und Umfang der Informationspflichten der Organmitglieder können nicht aus der AktVO abgeleitet werden. Die Satzung sollte diesbezügliche Details regeln. Festzuhalten ist aber wiederum, daß nicht absehbar ist, wie die russischen Behörden oder Gerichte auf die AktVO ergänzende Satzungsbestimmungen reagieren.

5.1.8. Beschlußfassung

Die Beschlüsse der Hauptversammlung werden durch Abstimmung gefaßt (§§ 48 und 103 AktVO). Jede Aktie zählt für eine Stimme. Für die Durchführung der Abstimmung werden vom Sekretär des Direktorenrates, welcher gemäß § 122 AktVO auch das Protokoll führt, Wahlzettel vorbereitet. Diese Wahlzettel lauten auf den Namen des Aktionärs. Sie enthalten die Anzahl der in seiner Verfügung befindlichen Aktien und die möglichen Varianten der Abstimmung. Uneinheitliche Stimmabgabe ist auf diese Weise nicht möglich. Ein Aktionär kann daher als Treuhänder fremder Aktien nur einheitlich abstimmen. Handelt ein Vertreter, der selbst Aktionär ist, hingegen in fremdem Namen, wird uneinheitliche Stimmabgabe wohl zulässig sein.

Beschlußfassung durch Umlaufbeschluß ist ebenfalls nicht vorgesehen. Die Satzung kann dies zulassen (§ 20 AktVO).

5.1.9. Mehrheitserfordernisse

Beschlüsse werden grundsätzlich mit einfacher Mehrheit der anwesenden Aktionäre gefaßt (§ 105 AktVO). Satzungsänderungen und Beschlüsse über eine Reorganisation oder Beendigung der Tätigkeit der Gesellschaft werden mit Dreiviertelmehrheit gefaßt (§ 105 AktVO). Die Erhöhung und Herabsetzung des Grundkapitals beschließt die Hauptversammlung der Aktionäre mit einfacher Mehrheit (§ 39 AktVO). Im Fall der Stimmengleichheit entscheidet die Stimme des Vorsitzenden (104 AktVO).

Eine Pflicht zur Eintragung von Hauptversammlungsbeschlüssen kennt die Verordnung nicht. Im Fall einer Satzungsänderung sind gemäß § 16 AuslInvG iVm. § 2.4 MRegVO die geänderten Gründungsdokumente (dh die Satzung) zu registrieren[42]).

---

[42]) Vgl. auch § 34 AktVO; dazu unten 7.

5.1.10. Jährliche Hauptversammlung

Jedes Jahr hat die jährliche Hauptversammlung stattzufinden. Zwischen zwei jährlichen Hauptversammlungen dürfen nicht mehr als 15 Monate liegen (§ 92 AktVO). Die Jahresversammlung muß innerhalb von drei Monaten nach dem Ende des Finanzjahres durchgeführt werden und das Ergebnis des Finanzjahres bestätigen (§ 86 AktVO). Ein Finanzjahr beginnt am 1. Jänner und endet am 31. Dezember (§ 85 AktVO).

5.1.10.1. Einberufung

Ungeregelt ist, wer die jährliche Hauptversammlung einberuft. Dem Direktorenrat kommt nach § 108 die Leitung der Gesellschaft zwischen den Hauptversammlungen der Aktionäre zu. Weiters erstellt der Direktorenrat nach § 98 AktVO den Bericht, welcher der jährlichen Hauptversammlung zur Bestätigung vorgelegt wird. Nur der Direktorenrat kann daher den Zeitpunkt für die jährliche Hauptversammlung bestimmen. Dies legt den Schluß nahe, daß der Direktorenrat die jährliche Hauptversammlung einzuberufen hat. Auch in der Praxis werden jährliche Hauptversammlungen ausschließlich vom Direktorenrat einberufen. Die Satzung sollte eine diesbezügliche Regelung enthalten (§ 20 AktVO).

5.1.10.2. Aufgaben

Die jährliche Hauptversammlung bestätigt den Bericht der Direktoren sowie die jährliche Bilanz und die Gewinn- und Verlustrechnung. Sie wählt die Direktoren und andere leitende Dienstnehmer der Gesellschaft (§ 98 AktVO). Die AktVO enthält keine Richtlinien betreffend den Inhalt des Berichtes und läßt offen, welche Rechtsfolgen an seine Genehmigung bzw. Nichtgenehmigung durch die Hauptversammlung geknüpft sind.

Ebenfalls unklar ist, was unter "leitenden Dienstnehmern" zu verstehen ist (§ 98 AktVO). Zu überlegen wäre, ob die "leitenden Dienstnehmer der Gesellschaft" den "Leitern der Hauptabteilungen" (§ 125 AktVO) entsprechen. Die Leiter der Hauptabteilungen können, wie sonst nur Direktoren, vom Generaldirektor in den Vorstand berufen werden. Auf diese Weise müßte jedes Mitglied des Vorstandes von der Hauptversammlung gewählt, vom Generaldirektor vorgeschlagen und vom Direktorenrat bestätigt werden. Die AktVO selbst läßt aber offen, welcher Personenkreis unter "Leiter der Hauptabteilungen" zu subsumieren ist. Die Satzung kann nach Auffassung der russischen Praxis diesen Personenkreis definieren.

Die Hauptversammlung bestellt außerdem den Abschlußprüfer und bestimmt die Vergütung für dessen Leistungen. Die Entscheidung, ob Abschlußprüfer bestellt werden oder ob die Revisionskommission prüft, erfolgt ebenfalls durch die Hauptversammlung[43]).

5.1.11. Außerordentliche Hauptversammlung

Alle Hauptversammlungen außer der jährlichen sind außerordentliche Hauptversammlungen (§ 93 AktVO).

5.1.11.1. Einberufung

Eine außerordentliche Hauptversammlung wird vom Direktorenrat, von der Revisionskommission oder von Aktionären, die 10% der Aktien halten, selbst einberufen, wenn nichts anders in der Satzung der Gesellschaft bestimmt ist (§ 94 AktVO). Die Satzung kann daher die genannten Einberufungsrechte *ausschließen* und/oder zusätzlich abweichende Einberufungsrechte vorsehen (vgl auch § 20 AktVO). Sie kann auch das Einberufungsrecht der Minderheit ausschließen. Eine Grenze für abweichende Regelungen in der Satzung läßt sich der AktVO nicht entnehmen.

5.1.11.2. Gründe

Die AktVO nennt keine Gründe, die generell zur Einberufung einer außerordentlichen Hauptversammlung zwingen. Gemäß § 135 AktVO sind die Mitglieder der Revisionskommission verpflichtet, die Einberufung einer außerordentlichen Hauptversammlung der Aktionäre zu verlangen, wenn eine ernsthafte Bedrohung der Interessen der Gesellschaft entstanden ist. Es ist nicht absehbar, wie der Begriff "ernsthafte Bedrohung der

---

[43]) Vgl. dazu unten 6.3.

Interessen der Gesellschaft" ausgelegt wird. Die Satzung sollte eine diesbezügliche Regelung enthalten (§ 20 AktVO).

Der Direktorenrat ist uE verpflichtet, die Weisungen der Hauptversammlung zu befolgen[44]). Man könnte daher eine Pflicht des Direktorenrates annehmen, die Hauptversammlung immer dann einzuberufen, wenn er damit rechnen muß, daß diese Einwände gegen eine Entscheidung des Direktorenrates oder des Vorstandes haben könnte. Auch in diesem Fall sollte die Satzung Details regeln.

5.1.12. Nichtigkeit oder Anfechtbarkeit von Beschlüssen

Die AktVO enthält keine Bestimmungen über Nichtigkeit und Anfechtbarkeit von Beschlüssen der Hauptversammlung. Nach Auffassung der Praxis sind die Gerichte zur Geltendmachung der Mangelhaftigkeit von Hauptversammlungsbeschlüssen zuständig.

Für inhaltliche Beschlußmängel (beispielsweise List) ist die Anwendung der allgemeinen rechtsgeschäftlichen Regeln zu überlegen. Bei Verletzung von Verfahrensvorschriften (d.h. z.B. Verletzung der Einberufungsregeln oder Beschluß- und Anwesenheitsquoren) ist zu befürchten, daß der Beschluß dauerhaft fehlerhaft ist, weil die AktVO keinen Korrekturmechanismus vorsieht. Freilich darf der Zweck der jeweils verletzten Formvorschrift nicht aus dem Auge verloren werden. Wird beispielsweise das Einberufungsverfahren nicht eingehalten, sind aber alle Aktionäre vertreten und mit der Abhaltung der Hauptversammlung einverstanden, so wäre es sinnwidrig, einen fehlerhaften Beschluß anzunehmen.

Unklar und unvorhersehbar ist aber, wie die russische Rechtsprechung mangelhafte Hauptversammlungsbeschlüsse behandeln wird. Eine Regelung in der Satzung ist jedenfalls zu empfehlen.

---

[44]) Vgl. dazu oben 5.1.1.

5.2. Direktorenrat

5.2.1. Anzahl

Die Anzahl der Direktoren wird durch die Hauptversammlung der Aktionäre festgelegt, muß aber ungerade und darf nicht kleiner als drei bei einer geschlossenen und nicht kleiner als fünf bei einer offenen Gesellschaft sein (§ 109 AktVO). Die Hauptversammlung kann die Zahl der Direktoren vergrößern und zusätzliche Direktoren zur Ausübung bestimmter Funktionen wählen (§ 113 AktVO). Hat die Gesellschaft weniger als drei Gründer bei einer geschlossenen und weniger als fünf Gründer bei einer offenen Gesellschaft, muß die Anzahl der Direktoren der Anzahl der Gründeraktionäre gleichen (§ 109 AktVO).

Im letzteren Fall hat offenbar die Hauptversammlung keine Möglichkeit, die Anzahl der Direktoren abweichend vom Gesetz festzulegen. Es gibt keine Beschränkung bezüglich der Anzahl von Direktorenposten, die eine Person auf sich vereinen darf.

5.2.2. Nominierung

Spätestens eine Woche vor der Hauptversammlung muß dem Direktorenrat in schriftlicher Form mit einer Einverständniserklärung des Kandidaten über das Vorhaben, einen Kandidaten zu nominieren berichtet werden. Zur *Nominierung* ist jeder Direktor sowie jeder Aktionär berechtigt (§ 112 AktVO). Dem Direktorenrat müssen keine weiteren Informationen gegeben werden. Der nominierte Kandidat wird den übrigen Aktionären offenbar erst in der betreffenden Hauptversammlung bekannt gegeben.

Nur ein Aktionär oder der Vertreter eines Aktionärs, der über eine in der Satzung festgelegte Anzahl von Aktien verfügt, kann Direktor sein (§ 110 AktVO). Unklar ist die Auslegung des Begriffes "Vertreter". Vermutlich reicht eine Unterstützungserklärung durch den betreffenden Aktionär.

Es stellt sich die Frage, ob ein Aktionär mehrere Vertreter haben bzw. selbst Direktor sein und zusätzlich Vertreter im Direktorenrat haben kann, wenn beispielsweise in der Satzung 20% für einen Direktorenposten nötig sind und er selbst über 80 % der Anteile verfügt.

Denkbar ist erstens, daß jedem Aktionär das Recht, Vertreter zu nennen, nur nach Maßgabe seiner Beteiligung zusteht. Er kann daher im genannten Fall nur maximal 4 "Vertreter" nennen. Das Recht, einen "Vertreter" zu nennen kann solange nicht ausgeübt werden, bis ein "Vertreter" beispielsweise dadurch, daß der Aktionär ihm das Vertrauen entzieht, weggefallen ist.

Nach dem Wortlaut der Vorschrift ist aber zweitens eher davon auszugehen, daß das Recht, einem Interessenten für einen Direktorenposten die Kandidatur zu ermöglichen, nur einmal und nur dann zusteht, wenn der Aktionär nicht selbst Direktor ist (arg.: *einem* Aktionär oder *dessen* Vertreter).

Möglich wäre drittens auch, daß ein Aktionär, wenn er über die genannte Anzahl von Aktien verfügt, selbst Direktor sein und beliebig viele Direktoren unterstützen kann. Dem Prinzip der Selbstorganschaft würde diese Lösung wohl am ehesten gerecht werden.

Versteht man diese Bestimmung im Sinne der zweiten Variante, so ist der Zweck der Norm, durch eine Art Selbstorganschaft eine verstärkte Bindung der Direktoren an die Gesellschaft zu schaffen, ins Gegenteil verkehrt. Ein Aktionär soll Einfluß auf die Gesellschaft ausüben können und daher auch seiner Beteiligung entsprechende Rechte haben. Die Bestimmung würde den, der viele Anteile hält, benachteiligen. Dem Schutzzweck der Selbstorganschaft tut es aber Genüge, wenn man die Bestimmung im Sinne der dritten Variante versteht.

Da eine eindeutige Interpretation des § 110 AktVO nicht möglich ist, wäre eine Klarstellung durch den Verordnungsgeber wünschenswert. Es bleibt abzuwarten, wie die Praxis die Bestimmung versteht. Vorerst sollte jedenfalls die Satzung eine eindeutige Regelung enthalten. Festzuhalten ist aber auch in diesem Fall, daß nicht absehbar ist, ob die russischen Behörden oder Gerichte die abweichende Satzungsbestimmung anwenden werden.

5.2.3. Bestellung

Die Hauptversammlung wählt Direktoren mit einfacher Mehrheit (§ 91 iVm. § 105 AktVO). Die Einräumung von Entsendungsrechten an bestimmte Personen durch die Satzung ist nicht ausdrücklich vorgesehen (vgl. aber § 20 AktVO). Es bestehen bei der Bestellung von Mitgliedern des Direktorenrates keine Mitwirkungsrechte für die Belegschaft. Direktoren werden für den Zeitraum von zwei Jahren gewählt und können beliebig oft wiedergewählt werden (§ 111 AktVO). Endet die Bestellungsperiode zwischen zwei Hauptversammlungen, so kommt das Kooptierungsrecht des Direktorenrates nach § 114 AktVO zur Anwendung. Der durch Kooptierung bestellte Direktor muß seine Vollmacht vor der nächsten Hauptversammlung zurücklegen. Er kann aber wiedergewählt werden (§ 114 AktVO).

5.2.4. Abberufung

Die Hauptversammlung kann einen Direktor nicht von seinen Pflichten entbinden (§ 113 Abs 2 AktVO). Unklar ist, ob damit auch eine Abberufung aus wichtigem Grund wie grober Pflichtverletzung, Unfähigkeit, im Rahmen der Direktorenfunktion begangene Straftaten, etc. sowie die einvernehmliche Beendigung der Bestellungsdauer ebenso ausgeschlossen ist. Die Satzung sollte ein solches Abberufungsrecht jedenfalls vorsehen, auch wenn unklar ist, ob die Rechtsprechung diese Satzungsbestimmung zuläßt.

Fraglich ist was gelten soll, wenn ein Aktionär einem "Vertreter" das Vertrauen entzieht oder der Direktor, der selbst Aktionär ist, seine Anteile veräußert. Da nach § 110 AktVO Direktor nur "sein" kann, wer über die notwendige Aktienzahl verfügt bzw. von dieser gestützt wird, müßte die Bestellung in den genannten Fällen automatisch enden.

Dieses Problem ist, soweit ersichtlich, in der Praxis nicht erkannt bzw. nicht gelöst worden. Eine diesbezügliche Rechtsprechung ist uns nicht bekannt. Die Satzung sollte sicherheitshalber eine Regelung enthalten.

5.2.5. Entgelt

Die Höhe des Entgeltes und des Spesenersatzes für Direktoren für den Zeitraum ihrer Aufgabenerfüllung wird von der Hauptversammlung der Aktionäre festgelegt (§ 115 AktVO). In der Praxis wird zusätzlich ein eigener Anstellungsvertrag zwischen dem Direktor und der Gesellschaft durch den sie vertretenden Generaldirektor (§ 128 AktVO) abgeschlossen.

5.2.6. Vorsitzender des Direktorenrates

Die Direktoren wählen den Vorsitzenden des Direktorenrates und einen oder mehrere Stellvertreter für zwei Jahre. Der Vorsitzende leitet die Sitzungen des Rates. Im Fall seiner Abwesenheit und der seiner Vertreter wählen die Mitglieder des Direktorenrates einen Vorsitzenden aus der Mitte der anwesenden Direktoren (§ 117 AktVO).

5.2.7. Beschlußfassung

Eine Sitzung des Direktorenrates wird vom Vorsitzenden des Rates oder zwei beliebigen Direktoren (§ 118 AktVO) bei Notwendigkeit, mindestens aber einmal im Monat einberufen (§ 121 AktVO).

Die Art der Einberufung ist nicht geregelt; die Satzung sollte eine Regelung enthalten (§ 20 AktVO). Der Direktorenrat ist nur bei Anwesenheit von zwei Dritteln der Mitglieder beschlußfähig. Die Beschlüsse bedürfen der einfachen Mehrheit. Das genannte Präsenz- bzw. Konsensquorum gilt nur, "wenn nichts anderes vereinbart ist" (§ 119 AktVO). Die Satzung und offenbar auch die Hauptversammlung und der Direktorenrat können daher von dieser Regelung abweichen (vgl. auch § 119 AktVO wonach die Direktoren ihre Arbeit nach eigenem Ermessen organisieren). Im Fall der Stimmengleichheit ist die Stimme des Vorsitzenden entscheidend. Dieses Dirimierungsrecht kann anscheinend nicht abbedungen werden.

Die Beschlußfassung kann auch schriftlich erfolgen. In diesem Fall müssen alle Direktoren das Dokument unterzeichnen und sich im Zeitpunkt der Unterzeichnung auf dem Staatsgebiet der UdSSR befinden (§ 120 AktVO). Ob nach Auflösung der UdSSR die Zustimmung innerhalb des ehemaligen Staatsgebietes der UdSSR ausreicht, ist zweifelhaft.

5.2.8. Teilnahmerechte

Über Teilnahmerechte anderer Personen als Direktoren, z.B. Sachverständiger, an Sitzungen des Direktorenrates regelt die AktVO nichts. Ob sich ein Direktor vertreten lassen oder Boten schicken kann, ist ebenfalls ungeregelt.

5.2.9. Protokoll und Sekretär des Rates

Die Direktoren bestimmen einen Sekretär des Rates, der in den Hauptversammlungen und in den Sitzungen des Direktorenrates Protokoll führt (§ 122 AktVO).

5.2.10. Ausschüsse

Der Direktorenrat kann, wenn erforderlich, Ausschüsse aus seiner Mitte und aus anderen Mitarbeitern der Gesellschaft zur Behandlung von konkreten Fragen bilden (§ 123 AktVO). Unklar ist, ob ein solcher Ausschuß auch zur Beschlußfassung berechtigt werden kann.

5.2.11. Fehlerhafte Direktorenratbeschlüsse

Wie bei Beschlüssen der Hauptversammlung regelt die AktVO die Unwirksamkeit bzw. Anfechtbarkeit von Direktorenratbeschlüssen nicht. Da keine besonderen Anfechtungsbestimmungen vorgesehen sind, ist eine Anfechtung von Direktorenratbeschlüssen vermutlich nach den allgemeinen Regeln über die Anfechtung von Rechtsgeschäften vorzunehmen.

5.2.12. Aufgaben des Direktorenrates - Haftung

Der Direktorenrat muß die Weisungen der Hauptversammlung ausführen[45]. Die AktVO enthält weiters keine ausdrückliche Regelung betref-

---

[45] Vgl. dazu oben 5.1.1.

fend die Pflichten des Direktorenrates. § 119 AktVO normiert zwar, daß die Direktoren ihre Arbeit nach eigenem Ermessen organisieren. Diese Bestimmung definiert den Handlungsspielraum der Direktoren aber nicht inhaltlich[46]). UE läßt sich daraus nur ableiten, daß die Direktoren Entscheidungskompetenz haben und Entscheidungen ohne vorherige Rücksprache mit anderen Organen fällen können.

§ 10 regelt die Haftung der Direktoren für den Fall der Zahlungsunfähigkeit der Gesellschaft. Er bestimmt im ersten Satz, daß die Gesellschaft für ihre Verbindlichkeiten mit ihrem gesamten Vermögen haftet. Wurde die Zahlungsunfähigkeit der Gesellschaft durch gewissenlose Handlungen von Direktoren oder Vorstandsmitgliedern herbeigeführt, so kann ihnen das Gericht den Ersatz des verursachten Schadens auferlegen. Diese insolvenzrechtliche Bestimmung begründet - wie sich aus der systematischen Stellung ergibt - eher einen Schadenersatzanspruch im Außenverhältnis. Es ist aber anzunehmen, daß sie die Verantwortlichkeit der Direktoren im Innenverhältnis nicht begrenzt. Insbesondere ist anzunehmen, daß der Sorgfaltsmaßstab der Direktoren über das Verhindern der Zahlungsunfähigkeit hinausgeht.

Die AktVO regelt die von den Direktoren zu beachtende Sorgfalt nicht. Sie bietet diesbezüglich auch kaum Anhaltspunkte[47]). Die Direktoren müssen wohl den satzungsmäßigen Unternehmensgegenstand beachten. Die Satzung soll weiters die Pflichten und den Sorgfaltsmaßstab der Organmitglieder regeln (§ 20 AktVO). Die Gesellschaft sollte außerdem Sorgfaltspflichten mit jedem einzelnen Mitglied des Direktorenrates vertraglich vereinbaren. Ungeachtet einer Regelung in der Satzung oder einer vertraglichen Vereinbarung bleibt aber abzuwarten, wie die Rechtsprechung etwaige Schadenersatzansprüche entscheidet.

5.3. Vorstand der Gesellschaft

5.3.1. Bestellung

Die Hauptversammlung bestellt aus der Mitte der Direktoren den Generaldirektor (§ 124 AktVO). Der Generaldirektor schlägt die Mitglie-

---

[46]) Ebensowenig § 116 AktVO.
[47]) Vgl. aber zum Jahresabschluß 6.5.

der des Vorstandes vor. Mitglieder des Vorstandes können nur Direktoren und Leiter von Hauptabteilungen der Gesellschaft sein (§ 125 AktVO). Aufgrund dieses Vorschlages bestätigt der Direktorenrat die Besetzung des Vorstandes.

Der Generaldirektor bestimmt die Mitglieder des Vorstandes aus der Mitte der Direktoren (= Exekutivdirektoren). Zusätzlich kann er Leiter der Hauptabteilungen in den Vorstand ernennen. Die Möglichkeit, Arbeitnehmer der Gesellschaft in den Vorstand zu berufen, ist eine Durchbrechung des Prinzips der Selbstorganschaft. Welcher Personenkreis unter "Leiter der Hauptabteilungen" fällt ist ebenso unklar, wie der Begriff der "leitenden Dienstnehmer" in § 98 AktVO[48].

Nicht geregelt ist, wie lange ein Vorstandsmitglied bzw. der Generaldirektor bestellt werden kann und ob eine Wiederbestellung möglich ist. Es findet sich auch keine Bestimmung, die die Entlohnung der Mitglieder des Vorstandes und des Generaldirektors regelt. Die Satzung sollte diese Regelungen enthalten (§ 20 AktVO)

5.3.2. Abberufung

Unklar ist auch, ob und durch wen ein Vorstandsmitglied bzw. der Generaldirektor abberufen werden können. Das Gesetz sieht diesbezüglich keine Regelung vor. Die Satzung sollte eine entsprechende Regelung enthalten (§ 20 AktVO). Hinzuweisen ist auf die Ausführungen beim Direktorenrat.

5.3.3. Sitzungen des Vorstandes - Beschlußfassung

Die AktVO enthält keine Bestimmung über die Mehrheitserfordernisse bei Beschlußfassung im Vorstand. Die Sitzungen des Vorstandes finden bei Notwendigkeit statt (§ 127 AktVO). Den Modus der Einberufung regelt das Gesetz nicht. Der Generaldirektor führt den Vorsitz in Vorstandssitzungen (§ 125 AktVO). Man kann aber davon ausgehen, daß jedenfalls der Vorsitzende zur Einberufung berechtigt ist. Details sollte die Satzung regeln (§ 20 AktVO).

---

[48]) Vgl. dazu oben 5.1.10.2.

Der Generaldirektor ist für die Protokollführung in den Sitzungen des Vorstandes verantwortlich. Das Protokollbuch muß zu jeder Zeit den Aktionären vorgelegt werden können (§ 129 AktVO). Durch diese Bestimmung ist jedem Aktionär ein Einsichtsrecht eingeräumt. Festzuhalten ist, daß § 129 ausschließlich ein Recht auf Mitteilung des Protokollinhaltes festlegt. Ein darüberhinausgehendes Fragerecht wird nicht normiert[49]).

5.3.4. Aufgaben

5.3.4.1. Geschäftsführung

Der Vorstand ist das Exekutivorgan der Gesellschaft (§ 125 AktVO). Im Zeitraum zwischen den Hauptversammlungen der Aktionäre und den Sitzungen des Direktorenrates führt der Vorstand alle Geschäfte der Gesellschaft im Rahmen der ihm von der Satzung übertragenen Kompetenz (§ 126 AktVO). Die Geschäftsführungsbefugnis des Vorstandes ist daher durch die Satzung beschränkbar. Außerdem muß der Vorstand die Weisungen der Hauptversammlung und des Direktorenrates ausführen[50]). Das Gesetz selbst nennt keine weiteren Pflichten des Vorstandes. Die Satzung sollte daher den Pflichtenkreis der Vorstandsmitglieder genau regeln.

5.3.4.2. Vertretung

Der Generaldirektor ist berechtigt, ohne eine Vollmacht die Geschäfte im Namen der Gesellschaft zu führen (§ 128 AktVO). Der Generaldirektor vertritt die Gesellschaft nach außen. Ob eine Beschränkung seiner Vertretungsmacht im Außenverhältnis wirksam möglich ist, ist fraglich. Die Worte "ohne Vollmacht" besagen wohl lediglich, daß es keiner rechtsgeschäftlichen Bevollmächtigung bedarf.
Die anderen Vorstandsmitglieder agieren im Rahmen der Kompetenzen, die in der Satzung bestimmt oder von der Hauptversammlung beschlossen wurden (§ 128 Satz 2 AktVO). Anderen Vorstandsmitgliedern

---

[49]) Dazu aber oben 5.1.7.
[50]) Vgl. dazu oben 5.1.1.

kann anscheinend nur durch die Satzung oder durch Hauptversammlungsbeschluß Vertretungsbefugnis eingeräumt werden. Dem Generaldirektor ist diese Kompetenz offenbar nicht verliehen. Unklar ist, ob nur Mitglieder des Vorstandes oder auch des Direktorenrats bzw. einzelne Direktoren bestellt werden können.

5.3.5. Haftung

Wie für die Mitglieder des Direktorenrates sind auch für Vorstandsmitglieder Sorgfaltspflichten nicht ausdrücklich geregelt. Die Satzung kann aber die Pflichten des Vorstandes festlegen (vgl auch § 20 AktVO)[51]. In diesem Zusammenhang ist auf die entsprechenden Ausführungen beim Direktorenrat hinzuweisen[52].

5.4. Revisionskommission

5.4.1. Bestellung

Die Hauptversammlung wählt in Übereinstimmung mit der Satzung aus der Mitte der *Aktionäre* die Revisionskommission zur Kontrolle der finanziellen und wirtschaftlichen Tätigkeit der Gesellschaft. Mitglieder der Revisionskommission dürfen nicht Exekutivdirektoren (dh Direktoren, die gleichzeitig Mitglieder des Vorstandes sind) sein (§ 130 AktVO). Die näheren Modalitäten der Wahl der Mitglieder der Revisionskommission regelt die Satzung (§§ 130 und 20 AktVO).

Für die Mitglieder der Revisionskommission gilt somit ebenfalls das Prinzip der Selbstorganschaft, wobei fraglich ist, ob Aktionärsvertreter in die Revisionskommission gewählt werden dürfen. Ein Mitglied der Revisionskommission kann aber mangels gegenteiliger Regelung offenbar Mitglied des Direktorenrates sein.

---

[51]) Dazu oben 6.3.4.1.
[52]) 5.2.1.2.

5.4.2. Aufgaben

Die Revisionskommission kontrolliert die finanzielle und wirtschaftliche Tätigkeit der Gesellschaft (§ 130 AktVO). Die Mitglieder der Kommission sind berechtigt, von der Geschäftsleitung der Gesellschaft die Vorlage aller erforderlichen Dokumente sowie persönliche Erklärungen zu verlangen (§ 132 AktVO). Prüfungen der Revisionskommission erfolgen im Auftrag der Hauptversammlung, auf eigene Initiative oder auf Verlangen von Aktionären, die mehr als 10% aller Aktien halten (§ 131 AktVO). Anstelle der Abschlußprüfer prüft die Revisionskommission außerdem in bestimmten Fällen den Jahresbericht (§ 134 AktVO)[53].

Die Revisionskommission legt die Ergebnisse jeder Prüfung der Hauptversammlung (bei der nächsten Gelegenheit) vor (§ 133 AktVO). Wenn eine ernsthafte Bedrohung der Interessen der Gesellschaft entstanden ist, sind die Mitglieder der Revisionskommission verpflichtet, die Einberufung einer außerordentlichen Hauptversammlung der Aktionäre zu verlangen (§ 135 AktVO) bzw. diese gemäß § 94 AktVO - soweit dieses Recht nicht ausgeschlossen wurde - selbst einzuberufen.

Die AktVO enthält keinerlei Regelung betreffend die Beschlußfassung in der Kommission. Es fehlen auch Regelungen betreffend die Sorgfaltspflichten und die Haftung der Mitglieder dieses Organes. Auch Abberufung und Bestelldauer sind ebenfalls nicht geregelt. Die Satzung muß ergänzende Regelungen enthalten (§ 20 AktVO).

6. Rechnungswesen der Gesellschaft und Abschlußprüfung

6.1. Jährlicher Finanzieller Abschluß

Das Finanzjahr der Gesellschaft beginnt am 1. Januar und endet am 31. Dezember (§ 85 AktVO). Am Ende des Finanzjahres haben die Direktoren den jährlichen finanziellen Abschluß, anscheinend bestehend aus Bilanz und Gewinn- und Verlustrechnung (§§ 90 und 98 AktVO), und einen Jahresbericht zu erstellen (§§ 71 und 98 AktVO). Der Inhalt und die Struktur der Bilanz, der Gewinn- und Verlustrechnung und des Jahresberichtes sind durch die AktVO nicht determiniert. Hinsichtlich der

---

[53]) Vgl. dazu unten 6.3.

Bilanz findet sich in § 67 AktVO ein indirekter Hinweis auf die geltende Gesetzgebung. Die jährliche Hauptversammlung muß innerhalb von 3 Monaten nach dem Ende des Finanzjahres durchgeführt werden und das Ergebnis des Finanzjahres bestätigen (§ 86 AktVO). Sie bestätigt außerdem den Jahresbericht der Direktoren, die Jahresbilanz und die Gewinn- und Verlustrechnung (§ 98 AktVO).

6.2. Gewinn der Gesellschaft

6.2.1. Gewinnermittlung

Der Bilanz- und der Reingewinn einer Gesellschaft werden nach den Regeln der geltenden Gesetzgebung festgestellt (§§ 67 und 69 AktVO)[54]).

6.2.2. Rücklagen

Die Gesellschaft muß eine Rücklage in der Höhe von mindestens 10 % des Grundkapitals bilden. Regeln über Bildung und Nutzung dieser Rücklagen werden in der Satzung festgelegt (§ 81 AktVO).

Die Zuweisung in den Rücklagenfonds wird von der Hauptversammlung bestimmt (§ 82 AktVO). Festzuhalten ist, daß die Dotierung der Rücklage, obwohl durch die Satzung geregelt, zusätzlich von der Hauptversammlung mit einfacher Mehrheit zu beschließen ist (§ 82 AktVO). Die Nutzung der Rücklage ist ebenfalls durch die Satzung zu regeln, kann aber nicht durch Hauptversammlungsbeschluß verändert werden.

6.2.3. Dividenden

Der Reingewinn einer Gesellschaft (nach Steuern) bleibt in der Verfügung der Gesellschaft und wird nach dem Beschluß des Direktorenrates unter den Aktionären verteilt oder den Rücklagen zugeführt (§§ 68 und 76 AktVO). Eine Gesellschaft kann außerdem, wenn dies die Satzung vorsieht, einen bestimmten Prozentsatz des Gewinns an die Arbeitnehmer

---

[54]) Gesetz über die Gewinnsteuer der Unternehmen und Organisationen vom 27.12.1991 Nr. 12 Zakon, Apr. 1992, 29ff.

entweder in Form von Geldleistungen oder Aktien verteilen (§ 84 AktVO).

§ 70 AktVO definiert Dividenden als jenen Teil des Reingewinns, der unter Aktionären entsprechend der Anzahl der Aktien in ihrem Besitz verteilt wird. Dividenden können quartalsmäßig, halbjährlich (offenbar vor dem Jahresabschluß des jeweiligen Geschäftsjahres) oder jährlich ausgezahlt werden. Die quartalsmäßigen und halbjährlichen Abschlagszahlungen werden von den Direktoren festgelegt.

Die endgültigen Dividenden werden von der jährlichen Hauptversammlung auf Vorschlag der Direktoren nach Maßgabe des Jahresergebnisses unter Berücksichtigung der Abschlagszahlungen festgestellt (§ 71 AktVO; vgl. auch § 76 AktVO). Die Hauptversammlung ist bei der Feststellung der Dividenden an den Vorschlag der Direktoren gebunden. Sie kann abweichend von diesem Vorschlag nur beschließen, daß weniger Gewinn ausgeschüttet wird (§ 71 AktVO).

Unklar ist, was gelten soll, wenn die Gesellschaft überhöhte Abschlagszahlungen gewährt hat und diese die zu Jahresende festgestellte Dividende überschreiten. Wie die russische Praxis zeigt, bestimmt die Satzung häufig, daß Abschlagszahlungen nicht erfolgen.

Die Dividenden für Vorzugsaktien und die Zinsen für Schuldverschreibungen werden bei der Emission festgelegt (§ 72 AktVO). Auf Vorzugsaktien können - offenbar gewinnunabhängig - feste Dividenden ausgeschüttet werden[55]. Auf Aktien, die nicht in Umlauf gebracht wurden oder sich in der Verfügung der Gesellschaft befinden, werden keine Dividenden bezahlt (§ 73 AktVO).

Die Satzung kann vorsehen, daß Dividenden auch in Form von Aktien, Schuldverschreibungen und Waren gezahlt werden (§ 74 AktVO). Die Form der Auszahlung wird offenbar nicht von der Hauptversammlung beschlossen bzw. genehmigt (arg.: § 71 Abs 2 AktVO: "Die *Höhe* der endgültigen Dividende ... wird von der Hauptversammlung ... festgestellt."). Die Gesellschaft hat daher, wenn sich dies aus der Satzung ergibt, die Wahl, in welcher Form die Dividende ausbezahlt wird.

Mangels gegenteiliger Regelung ist uE davon auszugehen, daß die Gesellschaft sowohl in ihrer Verfügung befindliche eigene Aktien als auch im Wege der Kapitalerhöhung geschaffene junge Aktien ausgeben darf, wobei die Gesellschaft vermutlich die Vorschriften über die Kapitaler-

---

[55] Vgl. auch § 49 AktVO; dazu oben 4.13.

höhung einhalten muß[56]). Aus der systematischen Stellung der Bestimmung ergibt sich eher, daß die AktVO an dieser Stelle (Gewinnauszahlung) keine Ausnahme von den Kapitalerhöhungsvorschriften normieren wollte.

Die Dividendenauszahlung wird einerseits durch das russische Finanzministerium festgelegt (§ 75 AktVO). Andererseits trifft die Gesellschaft selbst diesbezügliche Regelungen, die bei der Emission festgelegt und auf der Rückseite der Aktie vermerkt werden (§ 78 AktVO).

Die Dividende wird jedenfalls nach Abzug der Steuern ausgeschüttet. Die auszahlende Bank bzw. die Gesellschaft hebt die entsprechenden Steuern ein und führt diese an den Staat ab (§ 77 AktVO).

Aktien, die später als 30 Tage vor dem offiziell bekanntgegebenem Tag der Dividendenauszahlung erworben wurden, vermitteln keinen Dividendenanspruch (§ 80 AktVO). Der Sinn der Bestimmung ist unklar. Sollte § 80 Börsenspekulationen nach Bekanntwerden der Höhe der Dividende verhindern wollen, so müßte er auf den Zeitpunkt des Hauptversammlungsbeschlusses abstellen. Der Gefahr, daß die Gesellschaft Dividenden an Personen bezahlt, die ihre Aktien bereits verkauft haben, ist bereits durch §§ 52 und 57 AktVO hinreichend vorgebeugt.

Der auf innerhalb der Frist veräußerte Aktien entfallende Gewinn, wird nicht an die Vorbesitzer ausbezahlt, da diese nicht mehr Aktionäre sind. Die Gesellschaft kann den auf diese Anteile entfallenden Gewinn offensichtlich behalten. Eine Klarstellung dieser Regelung durch den Gesetzgeber wäre zu wünschen. Für nicht ausbezahlte und nicht erhaltene Dividenden werden keine Zinsen gewährt (§ 79 AktVO).

6.3. Abschlußprüfung

Vor der Vorlage des Jahresberichtes an die jährliche Hauptversammlung muß dieser durch eine von der Hauptversammlung bestimmte Abschlußprüfungsorganisation geprüft und bestätigt werden (§ 88 AktVO). Die Abschlußprüfer prüfen und bestätigen außerdem den jährlichen finanziellen Abschluß, dh. die Bilanz und die Gewinn- und Verlustrechnung. Sie unterfertigen den Jahresbericht und bestätigen damit die Übereinstimmung mit dem Rechenwerk der Gesellschaft (§ 155 AktVO).

---

[56]) Vgl. § 39 dazu unten 7.

Die Abschlußprüfung erfolgt entweder durch die Revisionskommission (§§ 135 und 156 AktVO; interne Abschlußprüfung) oder durch eine spezialisierte Organisation (§ 155 AktVO; externe Abschlußprüfung). Eine interne Abschlußprüfung erfolgt immer dann, wenn die Hauptversammlung nicht beschließt, daß eine externe Abschlußprüfung zu erfolgen hat (§§ 98 und 134 AktVO).

6.4. Publizität

Jahresbericht und Bilanz der Gesellschaft werden binnen zwei Monaten nach der Jahresversammlung publiziert. Form und Ordnung der Publikation werden vom Ministerium für Finanzen Rußlands festgelegt (§ 87 AktVO)[57]. Die Gesellschaft muß die Bilanz, die Gewinn- und Verlustrechnung sowie andere laufende Informationen außerdem quartalsmäßig publizieren und an die Aktionäre verschicken (§ 90 AktVO). Diese umfassende und daher aufwendige Informationspflicht der Gesellschaft überrascht, da die Verordnung an anderer Stelle (Kapitalherabsetzung, Liquidation) Gläubiger- und Aktionärsrechte in geringerem Umfang schützt. Nimmt man § 90 AktVO wörtlich, so müßte die Gesellschaft vier (!) Mal im Jahr die Jahresbilanz veröffentlichen und Informationen versenden. In der russischen Praxis erfolgt derzeit weitgehend weder eine Veröffentlichung der Jahresbilanz noch die quartalsmäßige Information.

6.5. Haftung für den Jährlichen Finanziellen Abschluß

Die Gesellschaft und ihre Leitung tragen für die Richtigkeit der im Jahresbericht enthaltenen Information die Verantwortung (§ 89 AktVO). Diese Bestimmung kann beispielsweise Gläubigern, die aufgrund falscher Angaben einen Schaden erleiden, einen weiteren Haftungsfonds eröffnen. Unklar ist, welcher Personenkreis unter den Begriff "Leitung" der Gesellschaft zu subsumieren ist. Direktorenrat und Vorstand fallen jedenfalls darunter. Ob leitende Angestellte zur Verantwortung gezogen werden können, ist unklar. Die Satzung sollte jedenfalls eine diesbezügliche Regelung enthalten (vgl. § 20 AktVO).

---

[57]) Eine solche Regelung wurde bisher noch nicht erlassen.

Was die Haftung der Abschlußprüfer betrifft, so enthält § 155 AktVO einen Hinweis. Dort ist festgelegt, daß der Abschlußprüfer den jährlichen finanziellen Abschluß als Bestätigung für dessen Übereinstimmung mit der vorhandenen Information über den tatsächlichen Stand der Tätigkeit der Gesellschaft unterzeichnet. Die Abschlußprüfer müssen daher alle Informationen überprüfen (arg.: "... Übereinstimmung mit der vorhandenen Information ..."). Die Abschlußprüfer dürfen sich nicht darauf beschränken, die von der Geschäftsleitung zur Verfügung gestellten Unterlagen zu überprüfen. Kommen die Prüfer dieser Verpflichtung nicht nach, sind sie wohl schadenersatzpflichtig.

Ein Einsichtsrecht betreffend die Bücher der Gesellschaft ist aber nur für die Revisionskommission geregelt (§ 132 AktVO). Da die Prüfung des Jahresabschlusses durch die Revisionskommission denselben Zweck hat wie eine externe Prüfung durch Abschlußprüfer, liegt es nahe, den Abschlußprüfern ebenfalls ein Einsichtsrecht zu gewähren. Die Prüfung des Jahresabschlusses und des Geschäftsberichtes dient der Information von Aktionären und Dritten. Der geprüfte Abschluß wird von der Hauptversammlung bestätigt und dann durch die Gesellschaft veröffentlicht.

Völlig unklar ist die Haftung für die nach § 90 AktVO zu verbreitenden Informationen. Falschinformationen durch quartalsmäßige Aussendungen könnten den gleichen Schaden verursachen wie Falschinformationen durch den Jahresabschluß. Eine analoge Anwendung der diesbezüglichen Haftungsbestimmungen läge daher nahe.

7. Satzungsänderung - Kapitalerhöhung - Kapitalherabsetzung

Erhöhung des Grundkapitals bei Erweiterung der Tätigkeit und Herabsetzung des Grundkapitals erfolgen durch einen Beschluß der Hauptversammlung der Aktionäre, der mit einfacher Mehrheit gefaßt werden kann (§ 39 AktVO). Ob die Satzung eine größere Mehrheit bestimmen kann, bleibt offen. Gemäß § 105 AktVO werden im Gegensatz dazu (offenbar sonstige) Satzungsänderungen, worunter auch die Kapitalerhöhung ohne Erweiterung der Tätigkeit der Gesellschaft fällt, und Beschlüsse über eine

Reorganisation oder Beendigung der Gesellschaft mit drei Viertel der Stimmen der bei der Hauptversammlung anwesenden Aktionäre gefaßt[58]).

Die Wirksamkeit des Beschlusses über eine Maßnahme gemäß § 39 AktVO steht unter der Bedingung der ordnungsgemäßen Anzeige an das Ministerium für Finanzen Rußlands. Die Gesellschaft hat dem Ministerium für Finanzen Rußlands die Änderungen der Satzung innerhalb von 15 Tagen ab dem Tag der Aufnahme der entsprechenden Änderung in die Satzung mitzuteilen (§ 34 AktVO)[59]). Mit Anzeige ist der Beschluß rückwirkend ab dem Zeitpunkt der Beschlussfassung wirksam.

Die Hauptversammlung kann bei Bedarf weiters "die vorhandenen Aktien konsolidieren oder diese auf Aktien mit kleinerem Nominalwert aufteilen". Unklar ist, wie diese Begriffe auszulegen sind. Die Regelung betrifft wohl weder die Kapitalherabsetzung noch die Kapitalerhöhung. Die Kapitalherabsetzung und die Kapitalerhöhung werden davor bzw. danach geregelt. Vermutlich regelt die AktVO an dieser Stelle eine Veränderung der Stückelung (arg.: "*oder* aufteilen"). Mit einfacher Mehrheit kann somit der Nominalwert der Aktien grundkapitalneutral durch Zusammenlegung erhöht oder durch Aufteilung auf Aktien mit kleinerem Nominalwert herabgesetzt werden.

Letztendlich kann die Hauptversammlung das Grundkapital der Gesellschaft durch eine Reduktion des Nominalwertes oder teilweise Annullierung von Aktien herabsetzen. Eine Kapitalherabsetzung ist ohne Rücksicht auf Minderheiten- oder Gläubigerinteressen mit einfacher Mehrheit zulässig. Ob diesbezüglich abweichende Satzungsbestimmungen von der russischen Rechtsprechung angewendet werden, ist unklar.

8. Fremdkapital der Gesellschaft

Unter diesem Titel behandelt die AktVO ausschließlich die Schuldverschreibung, ein Namens- oder Inhaberpapier, welches das Recht auf Rückzahlung des Nominalwertes und auf zumindest jährlich auszuzahlende Zinsen verbrieft. Verpflichtungen aus Schuldverschreibungen sind

---

[58]) Vgl. 5.1.9.
[59]) Unklar ist, ob die Verständigung über die Satzungsänderung auch nach Neuregelung der Registrierungsvorschriften durch die MRegVOen weiterhin an das Finanzministerium zu richten ist bzw ob eine Mitteilung an die zuständige Registrierungsbehörde stattdessen erfolgen soll.

gewinnunabhängig und vor Gewinnverteilung und - im Liquidationsfall - vor der Aufteilung des Gesellschaftsvermögens zu erfüllen. Die Zinsen sind fristgerecht auszuzahlen (§ 60 AktVO). Außerdem kann die Gesellschaft endfällige Schuldverschreibungen ausgeben, wenn der Emissionspreis unter dem Nominalwert liegt (§§ 60f, 64 AktVO).

Auffällig ist, daß bei Verzug mit der Erfüllung der Pflicht zur Zahlung von Zinsen die Gesellschaft für zahlungsunfähig erklärt werden kann[60]). Schuldverschreibungen müssen für eine Mindestlaufzeit von einem Jahr ausgegeben werden (§ 59 AktVO). Der Inhalt von Inhaber- bzw. Namensschuldverschreibungen ergibt sich aus § 61 AktVO. Für Namensschuldverschreibungen führt die Gesellschaft ein spezielles Register (§ 62 AktVO).

Die Emission, die Registrierung und die Übertragung von Schuldverschreibungen werden durch die Verordnung über Umlauf von Wertpapieren und über Effektenbörsen geregelt (§ 63 AktVO)[61]). Schuldverschreibungen können wohl mangels gegenteiliger Anordnung (vgl die ausschließlichen Kompetenzen der Hauptversammlung in § 91 AktVO) ohne Zustimmung der Hauptversammlung ausgegeben werden.

9. Optionen

Eine Option ist ein in der Satzung oder durch Beschluß der Aktionäre den Arbeitnehmern eingeräumtes Recht, eine bestimmte Anzahl von Aktien zu begünstigten Bedingungen zu erwerben (§ 83 AktVO). Die Satzung kann daher Arbeitnehmern das Recht gewähren, auf Verlangen Aktien der Gesellschaft zu erhalten.

---

[60]) Zur Erklärung der Zahlungsunfähigkeit (= Einleitung eines Insolvenzverfahrens) ist nur ein Gericht befugt. In diesem Fall darf das Gericht nicht von amtswegen einschreiten. Jedenfalls antragsberechtigt sind, nach Meinung der Praxis, jene Gläubiger, die die Zinsen aus den Schuldverschreibungen nicht erhalten haben. Unklar ist, wem sonst noch ein Antragsrecht zusteht.
[61]) Verordnung der Regierung der RF über die Emission und den Umlauf von Wertpapieren und über Effektenbörsen vom 28. 12. 1991 Nr. 78 Zakon, Apr. 1992, 34ff.

10. Reorganisation der Gesellschaft

Die AktVO kennt fünf Formen der Reorganisation der Gesellschaft: Verschmelzung, Teilung, Ausgliederung, Übernahme und Umwandlung (§ 142 AktVO). Die §§ 145, 146 und 148 AktVO definieren die genannten Reorganisationsvorgänge.

Der Beschluß über eine Reorganisation wird von der Hauptversammlung oder in den von der geltenden Gesetzgebung dafür vorgesehenen Fällen vom Gericht erfaßt. Diesbezügliche Spezialbestimmungen sind, soweit ersichtlich, noch nicht erlassen worden. Bei einer Reorganisation werden die erforderlichen Änderungen in die Satzung und in das staatliche Register aufgenommen, während bei einer Liquidation bloß eine entsprechende Eintragung in das Register erfolgt (§ 143 AktVO). Die Reorganisation bewirkt die Übertragung von Rechten und Pflichten auf die Rechtsnachfolger (§ 144 AktVO). Ob die russische Praxis darunter eine Vermögensübertragung im Wege der Gesamtrechtsnachfolge versteht, ist nicht bekannt.

§ 147 AktVO dient dem Schutz vor Konzentrationen. Es bedarf einer Genehmigung des russischen Finanzministeriums, wenn eine Person mehr als 15% der Anteile einer Gesellschaft auf dem Markt erwirbt. Die Gründer der Gesellschaft unterliegen dieser Bestimmung nicht (§ 147 AktVO). Sie können anscheinend ihren Anteil ohne Genehmigung später vergrößern. Interessant ist, daß die Verordnung in diesem Fall ein geringeres Schutzbedürfnis annimmt.

Werden mehr als 50% einer Gesellschaft von einer Person auf dem Markt erworben, bedarf es neben der Genehmigung des Finanzministeriums auch einer Genehmigung des russischen Staatskommittees für antimonopolistische Politik und Unterstützung neuer wirtschaftlicher Strukturen.

Die genannten Genehmigungen sind wohl mit Überschreitung der Prozentgrenze erforderlich. Die Bestimmung soll Konzentrationen an sich verhindern. Unklar ist, unter welchen Voraussetzungen der Erwerb erfolgen muß. Genehmigungsbedürftig ist der Erwerb "auf dem Markt". Darunter ist wohl jede Übertragung von Aktien zu subsumieren. Der Erwerb an der Börse fällt jedenfalls darunter. Die AktVO normiert nicht ausdrücklich die Nichtigkeit eines ohne Genehmigung erfolgten Erwerbes; diese entspricht aber wohl dem Zweck der Bestimmung.

11. Beendigung

11.1. Gründe

Gründe für die Beendigung der Gesellschaft sind (§ 136 AktVO):
- Beschluß der Hauptversammlung
- Zeitablauf
- Gerichtsbeschluß im Fall der Zahlungsunfähigkeit oder der Verletzung der geltenden Gesetze durch die Gesellschaft. Im Falle der Verletzung russischer Gesetze ist wohl anzunehmen, daß ein Gericht die Liquidation der Gesellschaft nur beschließen kann, wenn diese Sanktion in der betreffenden Regelung angeordnet ist.

11.2. Liquidation

Eine freiwillige Liquidation wird durch eine von der Gesellschaft bestimmte Liquidationskommission durchgeführt. Da die Hauptversammlung die Liquidation beschließt, ist anzunehmen, daß sie auch die Mitglieder der Liquidationskommission bestimmt. Dies gilt wohl auch, wenn die Gesellschaft durch Zeitablauf beendet wird. Eine zwingende Liquidation führt eine vom Gericht bestellte Kommission durch (§ 137 AktVO). Unklar ist, ob auch Personen, die weder Aktionäre noch Vertreter von Aktionären sind, Mitglieder der Liquidationskommission sein können und unter welchen Voraussetzungen die Mitglieder der Kommission abberufen werden können.

Ab dem Zeitpunkt der Bestellung der Liquidationskommission gehen alle Vollmachten zur Leitung der Gesellschaft auf diese über (§ 138 AktVO). Die Kommission ist umfassend zur Geschäftsführung und Vertretung berechtigt. Unklar ist, wie die Beschlußfassung in der Kommission erfolgt.

Die Liquidationskommission bewertet das Vermögen und ermittelt die Gläubiger der Gesellschaft, befriedigt diese und die Aktionäre (§ 138 AktVO). Sie erstellt die Liquidationsbilanz und legt diese der Hauptversammlung und dem Ministerium für Finanzen Rußlands vor. Aktionäre müssen daher den Inhalt der Liquidationsbilanz erfahren; unklar ist, ob sie die Tätigkeit der Liquidationskommission auch auf andere Weise kontrollieren können.

Die in der Gesellschaft befindlichen Mittel einschließlich solcher aus dem Verkaufserlös werden nach der Abrechnung mit den Arbeitnehmern, der Begleichung der Verbindlichkeiten gegenüber den Gläubigern und der Finanzbehörde unter den Aktionären verteilt (§ 139 AktVO). Es ist unklar, ob sich aus dieser Bestimmung eine Rangordnung ergibt, in der die Forderungen der Arbeitnehmer und sonstiger Gläubiger und der Finanzbehörde beglichen werden sollen. Interessant ist, daß mit der Verteilung erst nach Begleichung aller (arg.: "der") Verpflichtungen gegenüber Dritten begonnen werden darf. Es gibt keine Sperrfrist, innerhalb derer sich Gläubiger melden müssen. Eine voreilige Verteilung bleibt sanktionslos.

Die Liquidation und damit die Existenz der Gesellschaft gelten als beendet, sobald die entsprechende Eintragung im staatlichen Register erfolgt ist (§ 140 AktVO). Die Lösung der Gesellschaft wirkt konstitutiv. Unklar ist, was mit nachträglich hervorkommenden Vermögenswerten zu geschehen hat.

12. Rechtsdurchsetzung

Gemäß § 141 AktVO werden Streitigkeiten mit juristischen und physischen - einschließlich der ausländischen - Personen in Übereinstimmung mit der geltenden Gesetzgebung von staatlichen Schiedsgerichten, Gerichten und anderen Organen geschlichtet.

In der Schriftenreihe des Forschungsinstituts für Mittel- und Osteuropäisches Wirtschaftsrecht sind bisher folgende Bände erschienen:

Band 1
Peter Doralt/Svatopluk Svoboda/Peter Solt
GmbH-Mustervertrag CSFR tschechisch-deutsch mit Kommentar
1992, 124 Seiten, öS 240,--/DM 38,--